부모의
딜레마,
매

부모의 딜레마, 매
(청소년 소설가 박기복의 자녀교육 처방전)

지은이 | 박기복
발행인 | 김경아

2017년 11월 23일 1판 1쇄 인쇄
2017년 11월 30일 1판 1쇄 발행

이 책을 만든 사람들
책임 기획 | 김경아
북 디자인 | 김효정
교정 교열 | 좋은글
경영 지원 | 홍종남
베타테스터 | 홍정욱

이 책을 함께 만든 사람들
종이 | 제이피씨 정동수 · 정충엽
제작 및 인쇄 | 다오기획 김대식 · 유재상

펴낸곳 | 행복한나무
출판등록 | 2007년 3월 7일. 제 2007-5호
주소 | 경기도 남양주시 도농로 34, 부영e그린타운 301동 301호(도농동)
전화 | 02) 322-3856 팩스 | 02) 322-3857
홈페이지 | www.ihappytree.com
도서 문의(출판사 e-mail) | e21chope@daum.net
내용 문의(지은이 e-mail) | yesreading@gmail.com
※ 이 책을 읽다가 궁금한 점이 있을 때는 지은이 e-mail을 이용해 주세요.

※ 본 도서는 한국출판문화산업진흥원의 출판콘텐츠 창작자금을 지원받아 제작되었습니다.

부모의 딜레마, 매

박기복 지음

행복한나무

이 녀석을 한 대 때릴까, 말까?

인격과 품성이 훌륭한 극소수 부모를 제외하고 대부분 부모는 자녀가 잘못된 짓을 하면 화를 내고 야단을 치고, 격해지면 아이를 때리기도 합니다. 겉으로 드러내놓고 말을 안 해서 그렇지 아이를 키우는 가정에서 매는 흔합니다. 공감과 배려, 칭찬과 격려와 같은 멋진 지침을 지키며 아이를 키우면 좋겠지만 꼭지가 도는 상황에서는 어쩔 수 없이 매가 먼저 나갑니다. 많은 부모들이 매라는 수단을 많든 적든 사용하며, 그 효과를 확인하기도 하고, 전혀 효과 없음을 확인하면서도 다른 방법을 찾지 못해 또다시 매를 들기도 합니다.

매가 얼마나 나쁜지, 정서에 얼마나 악영향을 끼치는지를 증명하는 수많은 근거들이 있습니다. 매가 지닌 문제점을 지적하는 글이나 연구 결과를 접할 때마다 '뜨끔'하면서도 막상 아이가 큰 문제를 일으키면 매를 들고 싶은 유혹에 빠집니다. '폭력은 나쁘다'란 당위론에 동의하면서도 현실에서는 매를 들고 싶은 유혹에 한없이 흔들리는 부모들에게 공감, 배려, 애착, 격려, 올바른 대화법만 지키라고 하기에는 자식을 키우는 부모들에게 닥치는 현실이 너무나 힘겹습니다. 저를 포함해 대다수 부모들은 이상은 높지만 무한한 사랑을 베푸는 인격자는 아니기 때문입니다.

거의 모든 자녀교육서는 부모에게 완전무결함을 요구합니다. 완전무결한 부모가 되어 어떤 상황에서도 일관되게, 오직 사랑으로 자녀를 키우라고 말합니다. 안타깝게도 부모도 사람인지라 완전하지 않습니다. 머리로는 올바른 길이 무엇인지 알아도, 실천하지 못합니다. 공감, 배려, 격려, 올바른 대화법과 훈육법이 무엇인지 알아도 막상 아이가 큰 문제를 일으키면 매를 들고 싶을 때가 많습니다. 나도 모르게 '욱'해서 매를 든 부모는 자신이 못된 부모라는 괜한 죄책감에 빠지기도 합니다. 아이를 때리고 난 뒤 '내가 못된 부모는 아닌가?', '내 잘못으로 아이가 폭력적으로 크면 어떻게 할까? 하는 걱정이 들어 괜히 괴롭습니다.

부모가 되어서 자식을 키우는 게 아니라, 자식을 키우면서 부모가 되어 간다고 합니다. 매는 부모가 되어 가는 과정에서 한 번쯤 마주칠 수밖에 없는 문제입니다. 이제 매를 드는 행위를 겉으로 드러내어, 평범한 부모들이 드는(또는 들려고 하는) 매에 대한 성찰을 할 때입니다(가정폭력이라 부를 수준에 이르는 매는 논의 대상이 아닙니다. 어떤 형태든, 누가 행하든 가정폭력은 절대 안 됩니다).

이 책은 제 자신이 아이를 키우면서 내내 마주쳤던 매에 대한 고민에서 출발했으며, 오랜 시간 고민하고 탐색했던 내용을 담았습니다.

1부 '매를 맞는 아이들 VS 매를 드는 부모들'에서는 실제로 매를 맞고, 매를 때리는 부모들이 털어놓은 경험담을 담았습니다. 읽다보면 '여기 내 이야기가 있네' 하며 반가움과 쑥스러움이 교차할지도 모르겠습니다. 2부 '동서양 철학자들, 매에 대해 논하다'에서는 동서양 철학자들 관점에서 매가 정당한지를 검토했습니다. 3부 '방치와 폭력의 경계에서 길을 찾다'에서는 매를 안 들면 방치가 아닌지 고민이 들고, 매를 들자니 폭력을 휘두르는 것 같아서 고민인 부모들에게, 방치와 폭력이 아닌 제3의 길을 보여드립니다. 특히 3부에서는 제가 어릴 때 아버지께 매를 맞았던 생생한 경험을 통해 진정한 매에 담긴 뜻을 짚어 봅니다. 4부 '참 어른, 참된 가르침'에서는 지금까지 이야기를 바탕으로 매를 대하는 새로운 관점을 제시합니다.

혹시 오늘도 '이 녀석을 한 대 때릴까, 말까?' 하는 선택에 갈등하고 계신가요? 그럼 이 책을 보십시오. 매를 들고 싶지 않지만 들 수밖에 없는 딜레마에 빠지는 부모들에게 이 책이 현명한 판단을 내릴 처방이 되리라 믿습니다.

메마른 대지를 적시는
단비와 같은 삶을 꿈꾸며

時雨

준엄한 매로 올바른 길을 알려주신 아버지,

따뜻한 품으로 큰 잘못까지 보듬어주신 어머니,

이 세상의 모든 부모님께

이 책을 바칩니다.

차 례

1부

매를 맞는 아이들 VS 매를 드는 부모들

2부

동서양 철학자들, 매에 대해 논하다

3부

방치와 폭력의 경계에서 길을 찾다

4부

참 어른, 참 가르침

:1부:

매를 맞는 아이들
vs
매를 드는 부모들

아이들은 매가 아니라 부당한 매를 싫어한다

"파리채로 맞을 때마다 내가 파리가 된 기분이야."

"파리채로 맞아서 파리면, 나는 주로 먼지떨이로 맞으니까 먼지 취급받는 거냐?"

아이들이 깔깔 거리며 웃는다.

"우리 엄마는 책으로 많이 때려. 며칠 전에는 딱딱한 표지로 된 책으로 얻어맞았어. 무려 700쪽짜리 책으로 말이야. 그걸로 머리를 맞는데. 아휴! 그 지식이 내 머리에 들어오면 좋겠지만……, 책으로 맞는다고 책에 담긴 지식이 내 머리로 들어오지는 않아. 어찌나 안타깝든지."

웃음소리가 더 커진다.

"나는 발로 까여. 아무리 봐도 나는 축구공인가 봐."

중학교 2학년 아이들과 그동안 부모님께 매 맞은 얘기를 나눴다. 어디 가서 쉽게 할 이야기가 아닌데 분위기를 만들어 주니 신나게 떠든다. 심각하다면 상당히 심각한 주제인데 대화하는 내내 웃음이 끊이지 않는다. 심각함도 유머로 바꿀 줄 아는 아이들이다. 참 건강하다. 다행이다.

눈물도, 반항도 야단맞는 대상이다

"나는 주로 지저분하다고 맞아. 엄마에게 대들다가 맞기도 하고. 초등학교 저학년 때는 공부 못한다고 많이 맞았어. 문제를 푸는데 숫자를 제대로 못 쓴다고, 도형을 제대로 못 그린다고 맞았고."

민희는 맞는 얘기를 하는 내내 환하다. 별로 문제가 안 돼서 그러는지, 아니면 아프고 싫지만 일부러 그러는지 겉으로 봐서는 드러나지 않는다.

"맞는 이유도 가지가지네."

"그래도 숫자 제대로 못 쓰고, 도형 못 그린다고 때리는 건 심했다."

"요즘은 내가 말로 해도 알아들으니까 별로 안 때리기는 한데, 조금만 생활이 흐트러지면 가차 없이 매가 들어와."

미영이도 갖가지 이유로 맞는다고 한다. 미영이는 어둡다. 맞는 상황을 떠올리는 게 우울하다.

"공부할 때 열심히 안 한다고 맞고, 약속 안 지킨다고 맞고, 성적 안

좋다고 맞아. 난 혼나면 막 울어. 그럼 엄마는 꼭 '뭘 잘 했다고 우냐?'
하고는 더 야단을 쳐."

"맞아, 맞아!"

"엄마들은 꼭 울면 뭘 잘했다고 우냐고 더 심하게 야단쳐."

아이들이 맞장구를 친다.

"야단을 맞으면 더 울음이 나와. 엄마는 뭘 잘못했는지 말하라고 하
는데 나는 울음이 터져서 대답하기 어려워. 그럼 엄마는 대답 못한다고
더 뭐라고 하면서 더 야단치고. 악순환이야."

"엄마는 꼭 대답을 하라고 해. 그래놓고 뭐라고 대답하면 말대꾸 한
다고 더 화내."

여기저기서 엄마를 향한 원성이 벼룩처럼 높다랗게 튀어 오른다.

부당한 야단은 저항을 낳는다

"우리 엄마는 욕도 많이 해."

"난 병신 소리를 제일 많이 들어."

"엄마가 한 년도, 아니고 두 년도 아니고, 쌍년이래. 헐! 딸에게 쌍년
이 뭐야, 쌍년이!"

한 년, 두 년, 쌍 년 하는 민희 말투에 아이들 웃음보가 터진다. 한동
안 웃느라고 대화를 나누지 못할 정도다.

"난 조금 전에 '강아지'가 됐어."

"야, 강아지가 뭐냐? 강아지가? 그냥 개새끼라고 해."

"내가 개 새끼면, 엄마는 개 어미잖아. 그런 욕을 나한테 왜 하나 몰라."

"병신, 쌍년, 개새끼는 욕도 아니야. 나는 더 심한 욕도 들었어."

무슨 욕이냐고 여기저기서 물어본다.

"차마 못 전할 욕이야."

독촉을 받은 현주가 바로 옆 친구 귀에 욕을 속삭인다. 욕은 귀에서 귀로 순식간에 퍼진다. 욕을 들은 애들이 난리가 난다. 어떻게 그런 욕을 딸에게 하냐면서 남자애들이 더 기겁을 한다. 그러면서도 웃는다. 욕에 담긴 묘한 카타르시스가 아이들의 웃음 근육을 간질였나 보다.

소연이는 엄마가 아니라 아빠에게 주로 야단을 맞는다.

"우리 아빠는 딸인 나한테만 설거지, 청소, 빨래를 하라고 해. 남동생에게는 왜 안 시키느냐고 따지면 아빠는 '그럼 여자가 안 하면 누가 해' 하는 거야."

"웬 원시인?"

"조선시대로 가시라고 해!"

여자 애들이 웅성거린다.

"내가 따지고 들었더니 아빠에게 대든다고 화를 내셨어. 내가 조금만 더 따지고 들었으면 아마 맞았을지도 몰라."

시대 흐름에 뒤떨어진 부모는 아이들을 화나게 만든다. 아이들은 부모도 잘못을 했으면 사과를 해야 한다고 믿는다. 부당하게 야단을 맞으면 따져야 한다고 생각한다. 반면에 부모들은 아이들이 따지고 드는 걸 대체로 싫어한다. 반박이 타당한지는 판단하지 않고, 따지고 드는 태도가 문제라고 여긴다.

"나는 내 동생이랑 싸운다고 많이 맞아."

정희다.

"동생이 초3이잖아?"

"어린 게 버릇없이 대들어. 내가 뭐라고 하면 그게 무슨 말이든 막 대든다니까"

억울함이 잔뜩 묻어난다.

"얘가 태권도를 배워서 치고 박고 싸우게 돼. 그럼 화가 난 엄마는 언니가 돼서 동생 하나 못 다루냐고 막 때려."

"맞을 만하네. 동생이랑 치고 박고 싸우다니."

아이들은 정희 편이 아니다.

"초3이긴 하지만 그래도 정말 버릇이 없어. 엄마가 어리다고 너무 오냐오냐 키워. 그렇게 키우면 안 되잖아. 안 그래? 엄마한테 몇 번이나 말했는데 들은 척도 안 해서. 초3이나 돼서 하지 말라는 짓 꼭 하고, 게임 하지 말라고 하면 몰래 하고, 안 한다고 약속해 놓고 얼굴색 하나 바꾸지 않고 대놓고 어기고, 아무리 못된 짓을 해도 엄마가 봐주니까 갈수록 버릇이 없어진다니까. 그런 애는 따끔하게 야단을 치고, 매를 때려야지."

애들 여론이 조금씩 정희 편으로 기운다.

"그래서 내가 뭐라고 하면 동생이 나한테 욕을 해."

아이들은 동생이 했다는 욕이 궁금하다. 여럿이 물어본다.

"병신! 쪼다! 이런 말을 막 한다니까."

"심했네."

동생이 완전히 못된 놈으로 찍힌다.

"아니 동생이 어떻게 누나에게 그런 욕을 해? 안 그래? 내가 어떻게 참아?"

정희 말투에서 애들이 자기편이 되어주길 바라는 마음이 읽힌다.

"더 억울한 것은 다른 데서는 아주 착한 척 하면서 내 앞에서만 못되게 구는 거야. 그러니까 내가 동생에게 화내면 나만 엄마한테 욕먹고, 심하면 얻어맞아."

이제 여론은 완전히 정희 편이다. 그런 애는 맞아도 싸다는 여론이 지배한다. 자신은 매를 맞고 싶지 않다고 하면서도, 정희 동생처럼 잘못을 저지르면 매를 맞아야 한다는 의견이 대세다.

"나는 초등학교 저학년 때부터 시험 봐서 평균이 90점 아래로 내려가면 맞았어."

묵묵히 듣던 진규가 입을 열자 모두 안타까운 눈으로 진규를 본다.

"그거야 뭐 상관없어. 다 나를 위해서 그러는 거 아니까. 그런데 동생은 평균 70점이 안 되도 가만 둬. 내가 70점 맞으면? 난 공동묘지 찾아서 들어가야 해. 어떻게 그런 차별대우를 하는지……. 물론 부모님이 나에 대한 기대가 크신 것은 알지만……. 정말 심하지 않냐?"

아이들이 진규 의견에 공감한다. 차별 대우는 아이들이 가장 많이 불만으로 내세우는 매를 맞는 재료다. 차별받는다는 느낌이 들면 형제끼리 아주 심한 갈등이 빚어지기도 한다.

맞을 만한 짓을 하면 맞아야 할까?

"내가 형에게 못 돼먹은 말 했다가 맞아 봐서 아는데, 그런 동생은 맞아야 돼."

성현이다. 도덕심도 강하고 모범생인데 매를 긍정하는 말을 하다니 뜻밖이다.

"형이 조금 어수룩해. 황당한 실수도 많이 하고. 그래서 내가 '그것도 못하냐?'고 비꼰 뒤에 '형은 왜 사냐?'고 막말을 했어."

"야, 너무하네!"

모두 성현이를 비난한다.

"그걸 아빠가 듣고는 엄청 화를 내셨어. 형이 좀 착해서 놀림을 많이 당했고, 그것 때문에 엄마 아빠도 종종 고생하셨거든. 그런 사정을 아는 내가 다른 사람처럼 똑같이 형을 무시하니 아빠 분노가 폭발했지. 뺨도 맞고, 몽둥이로도 맞고, 눈물 펑펑 흘리며 잘못했다고 빌 때까지 맞았어."

심하게 맞았지만 아이들은 성현이가 맞을 만하다고 인정한다. 성현이 자신도 인정한다. 자신이 맞을 만했고, 그렇게 심하게 맞은 뒤 다시는 형을 놀리지 않게 되었다고 한다.

성현이에 이어 형석이도 자기가 맞을 짓을 했다고 인정한다.

"내가 초등학교 때 좀 못된 짓을 했어. 몰래 술도 먹어 보고."

"뭐, 초등학교 때 술을?"

"딱 한 번이야."

"그래도 초딩 때 술은……."

아이들은 기겁을 한다.

"애들 돈을 갈취하기도 했고."

설상가상이다. 전교 최상위권인 형석이가 초등학교 때 그런 짓을 하고 다녔다니 믿어지지 않는다.

"맞을 만했네."

"내가 부모라도 때렸겠다."

이구동성이다.

"안 그래도 엄청 맞았어. 처음엔 반항을 했지만, 나중에는 내가 맞을 만하다고 인정이 되더라. 그런데 언제부터인지 못된 짓도 지겨워지더라. 매도 지겹고."

형석이는 가볍게 탈선을 털어버렸다. 흔치 않는 경우다.

"그래서 다 때려치우고 공부를 했지. 해보니 공부도 재미있더라고."

형석이는 매가 자신을 바꿨다고 한다.

"나는 초등학교 저학년 때부터 아빠나 엄마에게 엄청 대들었어. 뭔 배짱으로 그랬는지 모르지만 늘 따지고, 시키는 건 절대 안하고, 내가 하고 싶은 대로 하려고 했어."

누구보다 모범생인 기수가 옛날에 반항아였다니 뜻밖이다.

"처음엔 이러저러하게 설득을 하더니 화를 내시고, 그래도 안 되니 매를 드셨지. 매를 맞으면 잠시 정신을 차리다가 또 원래대로 돌아가고."

"맞아봐야 똑같다니까."

민희는 매가 어떤 효과도 없다고 생각한다.

"나는 달랐어. 몇 년 동안 지겹도록 맞다 보니 개념이 서서히 잡혔어. 뭘 해야 되고, 뭘 하면 안 되는지 알게 됐지. 아빠는 늘 같은 문제로, 일관되게 매를 드셨어. 아빠가 안 된다고 하는 게 무엇인지 정확히 알기까지 몇 년이 걸렸는데, 그것을 알면서부터는 맞지 않아."

기수는 맞아야 된다고 주장한다. 다만 매를 드는 부모가 일관된 원칙을 지켜야 한다는 점을 강조한다. 기수와 형석이는 매로 인해 올바른 길을 걷게 되었다고 스스로 평가한다. 매가 아이들의 행동을 바꾸지 못한다는 연구 결과와 두 아이가 내린 결론은 모순된다.

착한 애가 되어야 안 맞는다?

그때까지 한 번도 말을 꺼내지 않은 아이는 현희다. 다들 맞았던 경험을 털어놓았는데 현희는 말똥말똥한 눈으로 신기한 세상을 구경하는 기색이 역력하다.

"너희들이 맞는 얘기가 나에겐 완전히 신세계야. 난 맞은 적이 없어."

"한 번도?"

애들이 모두 놀란다. 현희야말로 놀라운 신세계다.

"내가 뭐 딱히 잘못한 게 없으니까. 동생과 사이도 좋고. 내가 실수하거나 잘못하면 야단치기 전에 나는 미리 인정해. 내가 먼저 속상해 하고, 잘못을 비니까 야단도 거의 안 치시고, 때리는 일은 아예 없어."

신세계를 접한 아이들은 말을 잃어버린다.

"부모님이 진짜 착하신가 보다."

"부모님이 말로만 하시나 보네."

아이들은 현희가 착하다는 걸 인정하기보다 현희 부모님이 착한 쪽으로 몰아간다.

"내 동생은 잘못해서 여러 번 맞았어."

이러면 결론은 하나다.

"결론은, 네가 착하다는 말이네. 우린 못됐고."

성현이가 명쾌하게 결론을 내린다. 매와 야단에 관한 아이들 수다는 단순명쾌한 결론에 이른다. 착해야 안 맞는다! 착하지 않으면 맞는다!!

물론 속마음은 복잡하다. 부모를 향한 원망과 맞을 만하다는 수긍, 그래도 싫다는 생각과 필요할 땐 맞아야 한다는 생각이 교차한다. 속마음이야 어떻든 쉽게 털어놓지 못했던 매 맞는 경험을 나누고 나니 속이 시원하다는 표정이다. 금기를 깨면 자유가 온다.

아무튼 아이들과 매에 대한 대화를 나누고 나니 매를 어떻게 바라봐야 할지 더 어렵다. 도대체 매는 들어야 하는가, 말아야 하는가? 물론 가정 폭력 수준에 이른 매는 나쁘다. 그렇지만 좋은 길로 이끌려고 드는 매도 나쁜 걸까? 꽃으로도 때리지 말라고 했는데, 정말 그런 걸까? 참, 어려운 문제다.

필요와 나쁨 사이에서 갈등하는 부모들

"첫째 아이가 초1, 둘째가 유치원 때였어요. 둘이 작당을 하고 거짓말을 하더군요. 뻔히 보였죠. 계속 추궁을 하는데도 아니라고 발뺌을 했어요. 말로는 안 되겠더군요. 그때 처음 매를 들었어요. 손바닥을 내밀게 하고 열다섯 대 쯤 때리니 거짓말을 했다고 털어놓더군요."

효경 씨(40)는 두 아들을 둔 엄마다.

"그때는 때려야 했어요. 아무리 말로 설득하고, 야단을 쳐 봐야 둘이 약속을 했는지 절대 사실대로 말을 안했어요. 이대로 뒀다간 이런 일이 반복될 게 분명했죠. 그래서 아주 차분하고, 냉정하게 매를 들었어요. 화를 내지도 않았어요. 왜 때리는지 분명하게 설명하고, 아이들에게 몇 대 맞았는지 세라고 했죠. 지금 생각해도 그때 때렸던 매는 적절했어요."

효경 씨에게 어릴 때 혹시 매를 맞은 적이 있는지 물었다.

"초등학교 방학 끝날 때 쯤 방학 숙제를 다 했는지 검사해서 안 했을 경우 종아리를 회초리로 맞았는데, 그것 빼고는 없었어요. 종아리를 맞을 때도 심하게 맞진 않았어요. 불성실함을 꾸짖는 정도셨죠. 저랑 남동생들은 거의 안 맞고 지냈는데 언니는 꽤나 많이 맞았어요.

언니가 사고를 많이 쳤거든요. 공부는 완전히 뒷전이고 노는 애들이랑 어울리고. 제가 봐도 문제가 많았으니 부모님 눈에는 오죽했겠어요. 더구나 노는 돈을 마련한다고 엄마 지갑에 손을 댔어요. 몇 번 야단을 치시던 부모님은 언니가 엄마 지갑에 손을 대자 노발대발해서 바로 매를 들었어요. 그때는 인정사정 봐주지 않으셨어요. 방학 숙제 안 했을 때 맞는 거랑은 차원이 달랐죠. 처음엔 아무리 매를 맞아도 언니는 안 변했어요. 그러다 조금씩 나아지더니 어느 정도 크면서부터는 나쁜 짓을 않더군요. 그때 부모님이 언니가 도둑질하는 걸 내버려뒀으면 아마 크게 나쁜 길로 빠졌을지도 몰라요. 언니가 딱 잡히니까 저와 동생들은 알아서 행실을 바르게 했죠."

신경질보다는 매가 더 깔끔하다

효경 씨가 매를 어떻게 여기는지 궁금했다.

"매는 필요악이죠. 나쁘지만 어쩔 도리가 없을 땐 매를 들어야 한다고 봐요. 저는 매보다는 감정을 주체하지 못하고 아이들에게 쏘아붙였던 일이 더 가슴에 많이 남아요. 애들이 잘못하기는 했는데 그때 제가 처한 상황이 안 좋았어요. 가정도 일도 꼬일 대로 꼬여서 힘들었죠. 아이들이 작은 잘못만 해도 부아가 치밀었어요. 소리 지르고, 걸리는 대로 발로 차고, 화를 냈죠. 차라리 잘못하면 따끔하게 야단을 치면서 매를 들면 더 좋았을 텐데……. 제 감정에 못 이겨 물건을 발로 걷어차고 아이들에게 못된 말한 게 훨씬 상처가 됐을 거예요. 제 바닥을 보는 것 같았죠."

"그건 저도 그랬어요. 차라리 정식으로 매를 때렸을 때는 별 상관이 없었는데, 화가 나서 소리 지르고, 협박했던 게 훨씬 마음에 많이 남아요. 찜찜하죠. 깔끔하게 때리고 나면 제 속이 편해요. 애들도 뒤끝이 없고."

경숙 씨(41)도 효경 씨 의견에 동의했다.

"애 셋을 키우니 별의별 일이 다 생겨요. 냉정한 이성으로만 아이들을 대하기가 쉽지 않아요. 공감, 격려, 칭찬으로 아이들을 대해야 한다고 하루에도 몇 번씩 다짐하고, 또 다짐하지만 막상 아이가 말썽 피우고, 형제끼리 다투고, 거짓말하고, 약속 안 지키는 상황이 닥치면 감정부터 치솟아요. 해서는 안 되는 줄 알지만 인격 비하도 하고, 다른 애들이랑 견주기도 하고, 심할 땐 욕도 해요. 감정에 치여서 휴대전화를 빼앗거나, 좋아하는 TV 프로그램을 못 보게 한 적도 많아요. 그렇게 한바탕 난리를 치고 나면 그 여파가 길게 가요. 내가 원칙대로 못했다는 자괴감에 시달려요. 난 좋은 엄마가 아니다, 난 아이들에게 못된 짓을 한 엄마다 하는 자책감이 몰려오죠."

경숙 씨 말에 후회가 가득하다.

"한 번은 큰 애가 말썽을 부렸는데 일부러 참았죠. 감정을 최대한 자제하고 말로만 야단을 쳤어요. 제가 화를 안 내니까 애가 귓등으로도 듣지 않더군요. 똑같은 잘못을 계속 저지르는데 가만 두면 안 되겠더라고요. 불끈불끈 올라오는 화를 겨우 누르며 회초리를 들었죠. 매섭게 때렸어요. 매를 드니까 훨씬 마음이 편했어요. 아이도 제가 무슨 말을 하려는지 정확히 알아듣고."

경숙 씨가 겪은 경험은 많은 부모들이 엇비슷하게 겪는 일이다.

반성과 사죄는 매가 필요 없다

"그러던 6학년 어느 날이었어요. 아이가 크게 잘못해서 화가 난 저는 곧바로 회초리를 들고 오라고 소리를 질렀죠. 그때 아이가 무릎을 탁 꿇더니 '엄마, 그냥 말로 야단쳐 주세요. 말로 제 잘못을 알려주시면 고치겠습니다. 이제는 나이도 들었는데 맞고 싶지 않습니다' 하고 말하는 게 아니겠어요? 그 순간 황당하기도 하고, 충격을 받기고 하고, 반갑기도 했어요.

아이가 그렇게 나오니 치솟던 화가 가라앉으며 차분해지더군요. 그

부모의 딜레마, 매

래서 저는 잘못을 조목조목 설명하며 나무랐고 아이는 다시는 안 하겠다며 용서를 빌었어요. 저도 더 이상 나무라지 않고 용서해줬죠. 물론 그 뒤로도 몇 번 같은 실수를 하긴 했지만 야단을 치면 바로 알아들었어요. 그 뒤로는 매를 들 필요가 없었죠. 첫째가 그렇게 바뀌니 둘째, 셋째는 저절로 눈치를 살피며 말을 듣더군요. 지금도 첫째 아이가 무릎 꿇으면서 '말로 야단쳐 주세요' 했던 순간을 잊을 수가 없어요."

"똑같지는 않은데 저도 아이들 나이가 차니까 매를 들지 않게 됐어요. 중학생만 되도 매를 들기가 부담스러워요. 말로 해도 알아들으니 자연스럽게 매를 버렸죠."

"제 딸은 중3인데 아직도 버릇이 없어요. 저에게 막 대들기도 하고. 그래서 가끔 매를 들어요. 처음엔 맞으면서도 대들다가 더 이상 견디기 어려우면 그때서야 잘못했다고 빌어요."

"저는 잘못했으면 꼭 무릎 꿇고 잘못을 인정하고 용서를 빌라고 해요."

가정마다, 부모마다 아이들이 저지른 잘못을 나무라고 훈육하는 방법은 비슷하면서도 달랐다.

"무릎 꿇고 용서를 빌었다고 하니 생각나는 일이 있는데, 제가 학교 참여 수업에 간적이 있어요. 수업이 끝나고 나오는데 초등학교 6학년 아이들이 몇 명 무리지어 가는데 심한 욕을 하는 소리가 들리는 거예요. 욕을 한 애와 제 눈이 딱 마주쳤죠. 황당한 건 그 다음이었어요. 욕을 한 그 애가 제 앞에서 곧바로 무릎을 꿇더니 "선생님, 용서해주세요."하며 비는 거예요. 흙바닥인 운동장에서요. 그래서 제가 "선생님 앞에서는 욕하면 안 되고, 다른 사람 앞에선 욕하면 되니?" 했지요. 그때서야 아이는 제가 학교 선생님이 아닌 걸 알아차렸나 봐요. "그 예쁜 입에 욕 담지 마라"고 훈계를 하고 보냈어요. 아무렇지 않게 운동장에서 무릎을 바로 딱 꿇는 행동이 진심이었는지, 상황을 모면하기 위해 터득한 처세술인지 아직도 구분이 안 돼요."

효경 씨 이야기에 여기저기서 의견이 분분했다. 진심인지 처세술이 있는지는 그 아이에게 직접 확인해 봐야 할 일이었다. 아무튼 자녀가 망설이지 않고 무릎을 꿇은 행동은 부모들에게 적지 않은 충격을 주었다.

매를 드는 이유

부모들에게 매를 언제부터, 어떤 이유로 들었는지 물었다.

"7살 때였어요. 어찌나 미운 짓을 많이 하는지 손이 저절로 올라갔죠."

"저는 여섯 살 때였어요. 유치원에서 하도 말썽을 많이 부려서⋯⋯."

"유치원 때는 귀엽고 예쁘더니 초등학교 들어가면서 거짓말을 하고, 약속을 안 지키더라고요. 애가 왜 그러나 싶었죠."

"저는 공부 가르치다 답답해서 처음 때렸어요. 똑같은 계산을 몇 번이나 알려줬는데도 계속 틀리니, 그냥 못 봐주겠는 거예요. 멍청이! 바보! 소리가 절로 나왔죠."

"솔직히 공부할 때는 애가 멍청해서라기보다 집중을 안 해서 더 화가 나요. 집중하면 쉬운데, 멍 때리면서 공부한다고 앉아 있으니 몇 번을 해도 모르죠. 그럴 땐 저도 모르게 손이 나가요."

"휴대전화, 게임, 컴퓨터도 단골 메뉴죠. 그런 건 어찌해 볼 도리가 없어요."

"휴대전화를 사달라고 하도 졸라서 못 견디고 사 주었어요. 사주면 갈등이 다 끝날 줄 알았죠. 그런데 휴대전화를 사주고 나니 문제가 더 많이 생기는 거예요. 휴대전화를 안 사 주었을 때는 문제가 하나였는데, 사주고 나니 문제가 수도 없이 생겼어요. 도저히 그대로 못 보겠어서, 아예 휴대전화를 빼앗아 버렸어요."

"저항 안하던가요?"

"하죠. 평소엔 그러지 않더니 저한테 화도 내더라고요. 그래도 단호하게 했죠. 매도 들고."

6~7살은 모든 행동이 용납되던 때에서 벗어나 자기 책임이 조금씩 생기는 시기다. 부모들도 무조건 받아들이기보다 이런저런 도덕과 학습과 예의를 가르치려고 한다. 어릴 때는 예뻐 보이던 짓도 나이가 차면 미운 짓이 되기도 한다. 반면에 아이들은 여전히 유아기 습성에 머물고자 한다. 자신은 늘 하던 대로 하는데 부모들이 야단을 치는 까닭을 헤아리지 못한다. 변화를 원하는 부모와 변화를 원하지 않는 아이 사이에

갈등이 생기고, 이때 매가 등장한다.

시기가 조금 앞당겨지거나, 조금 뒤로 밀리기도 하지만 대체로 6~7살부터 초3~4학년 정도까지가 도덕성이 형성되고, 생활 습관이 대체로 잡힌다. 그때 가장 많은 야단과 매가 쓰인다. 물론 그 뒤에도 매가 쉽게 사라지진 않는데, 나이가 차고 덩치도 커진 아이들은 격렬하게 맞서고, 반박도 한다. 저항과 반박으로 갈등은 깊어진다. 그 수준을 넘어 부모에게 대들기 시작하면 문제는 걷잡을 수 없이 커진다.

매는 들 수밖에 없지 않나요?

"육아 책, 부모교육 책 정말 많이 봤어요. 사랑과 정성, 격려와 믿음으로 키우라고 하죠. 단호한 원칙과 부드러운 사랑을 겸비하라고 해요. 저도 그러고 싶어요. 그런데 그게 쉽나요? 믿음과 사랑으로 키우라고 하는데 그게 무책임한 방종이 아닌가 싶어 갈등이 생겨요. 그러다 야단을 치고 매를 들고 나면 내가 나쁜 부모, 부족한 부모란 생각이 들어서 자괴감이 들기도 하고."

"전 자괴감이 들지 않아도 된다고 생각해요. 좋은 말로만 하는 게 꼭 좋지는 않더라고요. 저희 언니는 아이들을 절대 안 때려요. 큰소리 한 번 내지 않아요. 언니가 인내력이 대단하거든요. 그런데 아이들이 엄청 버릇이 없어요. 언니는 아이들을 구슬리기도 하고, 훈계하기도 하는데 안 돼요. 지켜보는 제가 답답해 미칠 지경이었어요. 아이들과 신경전을 벌이는데 좋아 보이지 않더군요. 차라리 그럴 거면 화끈하게 때리는 게 나아요. 언니에게 때리라고 했더니 '넌 매가 얼마나 나쁜지 모르니?' 하면서 저를 나무랐어요. 졸지에 저만 나쁜 엄마가 됐죠. 아무튼 언니가 아이들에게 큰소리 안 내고, 심하게 야단 안 치고, 공감과 설득으로 모든 문제를 해결하려는 마음가짐은 좋아 보였지만, 그게 꼭 아이들에게 좋은 영향을 끼치는지는 확신이 들지 않더군요. 필요할 땐 때리는 게 낫다고 봐요."

좋은 원칙이 늘 현실에 들어맞는 것은 아니다. 자녀가 엇나가는데 매를 들고 싶은 유혹에 빠지지 않는 부모가 얼마나 될까? 많은 부모들이 아이들을 심하게 야단치고, 어쩔 수 없이 매를 든다.

"제가 오전에 요가를 하고 왔거든요. 다들 낮은 음악에 맞춰 요가 선생님 지시에 따라 동작을 하는데 어떤 사람 전화벨이 울리는 거예요. 귀에 거슬렸지만 그럴 수 있다고 인정했죠. 그런데 수강생 중 한 명이 전화를 꺼내더니 통화를 하는 거예요. 그것도 큰 소리로. 어찌나 황당하던지. 요가 선생님도, 수강생들도 전부 통화에 귀가 쏠리면서 엉망진창이 되고 말았어요. 그 사람을 보면서, 어릴 때부터 사람 배려 안 하는 습관이 몸에 배었구나 싶었죠. 어릴 때 부모가 공공예절을 가르치지 않으니 저 모양이구나 싶어서, 나는 절대 우리 아이들을 저렇게 키우지 않겠다고 다짐했어요."

"그래서 옛 말에 세 살 버릇이 여든 간다고 하잖아요."

"바늘 도둑이 소도둑 된다는 속담도 같은 의미죠. 작은 잘못일 때 바로 잡지 못하면 큰 잘못을 저지르고도 죄책감을 못 느끼는 어른이 될 거예요. 전 제 자식이 그런 나쁜 어른으로 클까 봐 늘 걱정이에요."

"그런데 요즘 부모들은 애들이 버릇없이 굴어도 가만히 두는 경우가 많아요. 식당에서 떠들고 다니는데도 아무렇지 않게 내버려두고, 행사를 진행하는데 다 큰 애들이 행사에 방해가 될 정도로 떠들어도 내버려 둬요. 그런 애들을 볼 때마다 그 애 부모 인격이 의심스러워요."

많은 부모들이 애들을 올바르게 가르칠 줄 모른다. 공공예절을 가르치지도 못하고, 잘못된 행동을 올바르게 훈계할 줄도 모른다. 부모들이 아이들을 제대로 양육할 힘이 없다. 힘이 없으니 제대로 야단을 못 친다. 힘이 없으니 괜히 성깔만 부린다.

매가 폭력성과 굴종을 기르는 건 아닐까?

모든 부모들이 매를 좋은 쪽으로만 여기지는 않았다. 부작용을 걱정하는 부모도 많았다.

"제 아들은 중학생이에요. 덩치도 저보다 커요. 그래서 그런지 이제는 저를 무서워하지 않아요. 아무리 야단쳐도 듣지 않고, 반항해요. 매를 들려고 하면 힘으로 막아요. 그러다 아빠에게 엄청 맞았죠. 아빠는 '엄마가 야단을 치는데 고분고분 듣지 않고 반항한다'고 화를 내면서 애를 사정없이 때렸어요. 그제서야 아이는 무릎을 꿇고 제 말을 들었죠. 남편에게 고마운 마음이 들면서도 한편으론 걱정됐어요. 아이가 매에 길들여지는 게 아닌가 싶어서."

"저도 그래요. 매를 드는 이유는 도덕성을 기르고, 생활을 바른 생활을 할 수 있도록 하는 것이 목적인데, 그 목적이 실현되기보다는 매가 무서워 굴복하는 비겁한 애로 키우는 것은 아닌지 염려스러워요. 폭력 앞에서, 강한 자 앞에서 굴복하는 비겁자를 만드는 것은 아닌가, 적극성이 사라진 수동적인 어른으로 키우는 것은 아닌지 아주 걱정스러워요."

"저는 아이가 매를 맞으며 폭력성을 기를지도 모른다는 생각에 걱정스러워요. 가정 폭력은 유전된다고 하잖아요. 그 말을 들을 때마다 내가 큰 죄를 짓는 게 아닌가 싶기도 해요. 내 폭력이 대물림될까 봐 걱정이 들어요. 나 때문에 제 아이들이 폭력 아빠, 폭력 엄마가 된다면 정말 미쳐버릴 거예요."

부모들은 되도록 매를 들고 싶지 않다. 그러나 아이를 키우다 보면 어쩔 수 없이 매를 드는 상황에 처한다. 매를 끝까지 안 드는 부모들도 있지만, 상당수 부모들이 어쩔 수 없이 매를 든다. 그리고 매를 들고 나면 고민이 찾아온다(상습 가정 폭력은 논외다. 그런 부모는 부모 자격도 없는 사람들이다).

과연 매를 들어야 하는가? 내가 너무 심하게 하지는 않았는가? 아이에게 큰 상처를 준 것은 아니었을까? 내가 가정 폭력을 지지른 것은 아닐까? 폭력이 대물림되는 것은 아닐까? 때린다고 과연 애가 바뀔까? 갈등은 하지만 막상 아이가 말썽을 일으키는 상황에서 말이 안 통하면 나도 모르게 손이 올라가고, 험한 말이 나온다. 성인군자가 되지 못한 부모들이 자녀를 키우면서 맞닥뜨리는 딜레마다.

형제가 다투면 누구를 야단쳐야 할까?

형제끼리 다툼은 많은 경우 매를 부른다. 둘이 나이 차이가 많이 나면 싸움이 별로 없으나, 나이가 가까울수록 다툼이 많고, 다툼도 격렬하다. 이럴 때 많은 부모들은 먼저 야단을 치고, 그래도 안 되면 매를 든다. 나중에는 아이들이 싸우면 야단과 동시에 매를 든다. 그러다 다투는 기미만 보이면 일단 매부터 나가는 지경에 이른다.

매를 드는 부모는 착잡한 심정이다. 형제끼리 사이좋게 지내면 안 될까? 한 핏줄로 태어나서 왜 이렇게 다투는 걸까? 힘든 순간에 오롯이 믿고, 의지할 만한 유일한 관계인데 다투고 싸우니 답답하고 안타깝다. 서로에게 나쁜 짓 하지 말고, 사이좋게 지내라는 뜻으로 부모가 매를 들지만, 매는 형제 사이에 우정을 만들어주지 못한다.

형제끼리 다퉈서 매를 맞은 아이들 사연을 들어봤다.

*   *   *

지혜(초5)는 남동생(초4)과 많이 다툰다.

"숨만 쉬면 다퉈요. 며칠 전에는 동생이 저 몰래 제 방에 들어와서 서랍을 뒤졌어요. 서랍을 어지럽혀 놓고, 서랍에 있던 간식도 몰래 가져다 먹었어요."

동생이 도발을 했다. 버릇없이 굴었다. 누나의 사생활을 건드렸고, 물건을 훔쳤다.

"동생한테 왜 그랬냐고 이유를 물어도 대답을 안 해요. 이유는 안 밝혔지만 간식을 꺼내 먹었다는 점은 순순히 인정했어요. 그런데 잘못은 안 했대요. 그걸로 싸움이 났죠. 싸우는 소리가 커지자 엄마가 출동했어요. 그럼 동생이 사실대로 말해야 하잖아요. 그런데 동생은 어떤 경우에도 사실대로 말하지 않아요. 도리어 제가 잘못해서 벌어진 일처럼 엄마에게 꾸며 말해요."

거짓말과 책임 회피를 하는 동생을 보면 당연히 누나는 황당하고 짜증이 난다.

"억울하고, 화가 나죠. 그래서 엄마에게 사실대로 말했어요. 막 화가 나서. 그럼 엄마가 동생을 야단쳐야 맞는 거잖아요? 그런데 오히려 저를 야단치셨어요."

동생이 잘못했는데 누나인 자신이 더 야단을 맞는 상황을 지혜는 이해하지 못했다. 동생과 싸움이 벌어질 때마다 드는 억울함이다. 지혜는 누나이기에 참아야 하고, 누나이기에 더 책임이 크고, 야단을 맞아야 한다는 엄마 생각에 동의하지 않는다.

"엄마는 싸운 이유보다 싸우는 과정이 더 문제라고 보세요. 서로 소리를 지르고, 욕하고, 때리면서 싸우거든요."

엄마는 지혜를 야단치는 타당한 이유가 있다. 싸움은 여러 가지 이유로 일어나고, 앞으로도 싸움을 벌여야 한다. 애초부터 형제 사이에 싸우는 원인을 완전히 제거하기는 불가능하다. 그러니 싸우는 원인보다 싸우는 방법을 가르쳐야 한다. 아무리 화가 나도 동생과 누나 사이에는 해서 될 말이 있고, 하면 절대 안 되는 말도 있다. 다투는 과정에서 지켜야 할 도리가 있고, 다툼을 해결하는 힘도 키워야 한다. 지혜 엄마는 바로 그 점에 주목했다. 동생이 싸움을 일으키는 것은 알지만, 다툼을 해결하는 책임은 동생보다 누나에게 있다고 보고 주로 누나를 야단쳤다. 물론 지혜는 이런 엄마 생각을 조금도 받아들이지 못했다.

"엄마가 부당하게 야단을 치니, 당연히 엄마에게 대들게 되고. 그러면 엄마는 버릇없다고 화를 내시고, 결국 매를 들어요."

시작은 작은 다툼이었으나 점점 일이 커져 부모에게 대드는 사태까지 확장된다. 버릇없이 대드는 지혜에게 훈계는 전혀 먹히지 않았고, 지혜 엄마는 결국 매를 들었다.

매가 사라진다면~

"만약 매가 없다면 저는 동생과 제대로 한 판 붙어 볼 거예요. 예전에 엄마가 없는 시간에 집에서 둘이 한 판 붙었어요. 주변에 있는 물건이란 물건은 다 들고 싸웠어요. 심지어 의자까지 집어던졌죠. 그때 저는 마음 깊이 자리했던 노여움까지 다 끄집어내서 마구 뿜어내며 싸웠어요. 물론, (지혜가 빙긋 웃었다)제가 이겼죠. 만약 매가 사라진다면 저희 집은 엄청나게 시끄러울 거예요. 매가 없으니 두려울 게 없어요. 동생이 저에게 못되게 굴면 가만두지 않을 거예요. 또 동생이 못되게 굴면 그때는 의자가 아니라 다른 것까지 집어 들고 싸울지 몰라요."

지혜는 진심이 아니겠지만 동생을 죽여 버리고 싶다고 했다. 어쩌면 진심인지도 모른다. 그만큼 동생이 싫고 밉다. 동생에 대한 분노가 하늘을 찌른다. 이런 상황에서 매가 사라지면 상상하기 힘든 큰 다툼이 벌어질지도 모른다. 지혜는 매가 싫고, 부당하다고 하면서도 엄마가 매를 들 수밖에 없는 타당한 이유를 제시했다. 물론 스스로는 전혀 깨닫지 못했지만.

"엄마가 매를 들면 안 돼요. 엄마가 매를 드는 건 잘못이라고요. 동생이 저를 건드리지만 않으면 되는데, 동생은 항상 저에게 대들죠. 저는 엄청 화나는데 동생은 재미로, 별 생각 없이 그러는 거예요. 왜 그러는지 이유를 물어도 제대로 말해주지 않으니 정말 답답해요. 생각 없는 동생이 정말 싫어요."

지혜는 매가 필요함을 인정한다. 가정에서 체벌을 금지하는 법이 생기다면 아이들은 버릇이 나빠지고, 부모님 말을 제대로 듣지 않을 거라고 생각한다. 아이들이 부모들에게 더 심하게 대들고, 반항심도 강해지고, 심하면 '한 번 때려보세요, 고발해 버릴 테니' 하는 정신 나간 짓을 하는 놈도 나올 거라고 생각한다. 그럼에도 자신은 맞기 싫다. 이유는 하나다. 다툼이 생기는 원인이 다른 형제에게 있고, 자신은 잘못을 하지 않았다고 여기기 때문이다. 싸움이 일어난 원인 제공자는 벌을 받아야 한다고 믿기 때문이다.

"한 번은 제가 엄마에게 공부 때문에 혼나고 있었어요. 한참 야단을 맞는데 엄마 뒤에서 동생이 스케치북을 꺼내서 뭔가를 썼어요. 스케치북을 넘기면서 글을 하나씩 보여주는 거 있잖아요. 힐끔힐끔 보는데 첫 장에는 '공부 힘들지?' 하는 말을 썼어요. 웬일인가 싶었죠. 둘째 장에는 '나도 힘들어' 라고 썼더라고요. 그때까지는 기분이 좋았죠. 저 말썽쟁이가 웬일이래? 그런데 마지막 장에는 '그래서 나는 놀 거야' 라고 쓴 거예요. 그러더니 스케치북을 덮고는 룰루랄라 웃으면서 제 옆을 지나서는 밖으로 놀러 나갔어요. 그 순간 미칠 듯이 화가 났어요. 저를 위하는 척 하다가 놀리니 짜증이 더 치밀었어요. 제 표정이 일그러지니까 사연을 모르는 엄마는 더욱 화를 내셨어요."

진심어린 사과가 없으면 화해도 없다

격렬한 싸움도 끝나기 마련이다. 서로 잡아먹지 못해서 안달인 지혜와 동생도 화해는 한다.

"한참 싸우다 보면 왜 싸우는지 기억이 잘 안나요. 싸우는 이유가 크게 느껴지지 않아요. 그럼 싸움이 끝나고, 화해를 해요. 진심으로 화해하는 건 아니에요. 정전이 아니라 휴전이죠. 비슷한 상황이 오면 또 싸워요."

아이들은 싸우는 이유를 쉽게 까먹는다. 그러니 싸우는 이유를 꼬치꼬치 따져봐야 쓸모가 없다. 그 순간에는 세상에서 가장 중요한 문제지만, 시간이 지나면 아무렇지 않은 문제가 되는 경우가 흔하다. 그래서 싸움이 벌어지고 시간이 흐른 뒤에 부모가 시시비비를 가려 봐야 싸움을 막는 효과는 거의 없다.

"동생이 사과를 할 때도 있어요. 당연히 진심에서 우러나온 사과는 아니에요. 엄마가 잘못했다고 하라니까 마지못해 하죠. 진심이 없어요. 저도 사과를 하긴 하지만, 제가 정말 잘못했다고 생각하지는 않기에 겉으로만 해요. 동생도 알아요."

지혜와 남동생은 진심으로 사과하지 않는다. 진심을 다해 사과하지 않으니 싸움은 끝없이 반복된다. 엄마는 잘못을 깨우치게 하려고 매를 든다. 다시는 이런 잘못을 반복하지 않게 하려고 매를 든다. 안타깝게도 효과는 없다. 아무리 매를 맞아도 잘못을 반복한다. 왜냐하면 진심으로

부모의 딜레마, 매

깨우치지 않았기 때문이다. 진심으로 뉘우치면 자기 잘못을 참마음으로 사과하고, 참마음으로 사과하면 감정이 풀리면서 다툼이 사라진다.

"생각해 보니 저와 동생뿐 아니라 엄마와 아빠도 진심으로 사과하신 적이 없어요. 우리 가족은 잘못을 해도 사과할 줄 몰라요. 엄마가 저에게 잘못을 해도 진심으로 사과하신 적이 없어요. 미안하다고 지나가는 말로 하기는 하지만, 진심이 느껴지진 않아요. 사과하면 지는 것 같고, 지는 건 싫어요."

지면 자존심이 상하고, 자기가 죄인이 된다. 모든 책임을 자신이 져야 한다. 그래서 지기 싫다. 이기고 싶다. 그러나 싸움에서 이긴다고, 동생이 모든 잘못을 했다고 판정이 난다고 해서 행복하지는 않다. 패배한 동생은 자신이 이길 기회를 노릴 것이다. 누나는 그때마다 승리하기 위해서 발버둥을 쳐야 한다. 이기면 불안하고, 지면 억울하다. 불안과 억울함이 지배하는 형제 관계는 늘 긴장이다.

"어떨 때는 동생이 착하게 보이기도 해요. 제 동생이 양보를 잘해요. 무엇이든 잘 베풀어요. 자기한테 뭐가 있으면 잘 나눠줘요. 그런 면에서는 참 괜찮아요. 먹을 것도 저에게 잘 주고……."

동생이 지닌 좋은 점을 끄집어내게 하자 그때까지 악마였던 동생이 갑자기 천사가 되었다. 그러나 동생이 천사로 훨훨 날아오르면 자신은……? 목소리가 줄어들던 지혜는 다시 동생 험담을 했다.

"그것 빼고는 전부 못돼 처먹었어요."

동생이 착하면 동생과 다투는 자신은 나쁜 사람이 된다. 그게 싫다.

동생은 나쁜 사람이어야 한다. 동생과 자신이 모두 착한 사람이라 해도 다툼이 생길 수 있다는 사실을 지혜는 인정하지 못한다. 착한 사람끼리도 다툼이 생긴다. 둘 다 아무 잘못이 없음에도 다툼이 생긴다. 물론 둘 다 잘못해서 다툼이 생기기도 한다.

상대가 그럴만하다고 이해하는 마음이 다툼을 없앤다. 아무리 처벌한다고 해도 다툼은 사라지지 않는다. 역지사지(易地思之)하는 자세, 나만 무조건 옳다는 고집에서 벗어날 때 다툼이 사라진다. 안타깝게도 관점과 처지에 따라서 옳고 그름이 뒤 바뀔 수도 있고, 옳고 그름은 불변이 아니라 가변임을 받아들이기는 쉽지 않다. 특히 다툼이 벌어지는 순간에는.

매는 효과가 없을까?

"매는 효과가 없어요. 동생이 아빠에게 심하게 맞은 적이 있어요. 종아리에 피멍이 들 정도로 맞았는데, 아빠가 동생을 그렇게 때린 건 처음이었어요. 동생이 할머니에게 함부로 행동했거든요. 나쁜 짓이고, 맞을 만했지만, 너무 심하게 맞으니 불쌍하더라고요. 황당한 건 그렇게 맞고도 며칠이 지나자 동생은 또다시 할머니에게 버릇없이 구는 거예요. 정말 구제불능이죠. 저도 동생이랑 싸우고 엄마에게 대들어서 매를 맞았지만 바뀌지는 않아요. 그러니 매는 아무런 효과가 없어요. 매는 행동을 고치지 못해요. 매는 그저 응징이죠. 화난 감정을 담아서 쏟아내는 응징!"

이율배반이다. 매는 소용이 없다고 주장하면서 매가 사라지면 더 심하게 다툴 것이라고 한다. 매가 지닌 근본 한계요, 모순이다. 지혜 말에 따르면 매는 잘못된 행동이나 싸움이 심해지는 것을 막아주지만, 잘못을 막거나 싸움의 원인을 제거하는 데는 아무런 효과가 없다.

"엄마는 동생을 너무 끼고 돌아요. 저보다 동생을 더 사랑해요. 한 번은 엄마에게 따졌더니, 동생이 사고도 많이 치고, 다치기도 많이 해서 더 돌봐야 한대요. 제가 억울하다고 하니, 동생이 태어나기 전에는 저 혼자 사랑을 받았으니 된 거 아니냐고 하더군요."

아이들은 부당하고 공정하지 못하다고 느낄 때 부모를 크게 원망한다. 지혜는 엄마가 동생만 사랑한다고 믿는다. 엄마가 동생 편만 든다고 싫어한다. 그런데 실제로 엄마는 동생도 많이 야단친다. 첫째라고 믿음직스럽게 대해주는 경우도 많다. 첫째이기에 더 많이 누리기도 한다. 지혜는 자신이 넘치도록 많은 사랑을 받고 자랐다는 것을 모른다. 그저 모자란 부분, 억울한 부분만 마음에 남는다.

"엄마도 외할머니께 많이 맞았대요. 그러면서 저를 왜 때릴까요? 나중에 제가 아이를 낳으면 엄마가 보는 앞에서 제 아이를 때릴 거예요."

섬뜩한 얘기다.

"할머니는 저를 엄청 아끼시거든요. 절대 안 때리시고 무조건 예뻐해 주세요. 아마 엄마도 제가 낳은 아이를 예뻐하겠죠! 그때 제가 아이를 때리면 엄마는 자신이 과거에 했던 행동을 떠올리며 반성하실 거예요. 꼭 반성하게 만들고 말 거예요."

아이들은 보고 배운다. 매를 맞은 아이가 매를 때리는 부모가 되는 이유다.

*　*　*

난주(초6)는 언니와 거의 싸우지 않는다. 가끔 싸울 때도 엄마는 간섭을 안 하신다.

"몇 년 전까지만 해도 엄청 싸웠어요. 주먹을 휘두르고 물건을 집어 던지며 싸운 적도 있죠. 말 그대로 육박전이었어요. 그때 엄마에게 엄청 맞았죠."

많은 가정에서 벌어지는 일이다.

"그런데 어느 때부터 엄마가 야단도 안 치고, 간섭도 안 하고, 더군다나 매는 전혀 안 드셨어요. 저희 둘이 야단맞고, 매 맞는 이유는 거의 다 언니랑 저랑 다퉈서인데, 엄마가 둘이 벌이는 싸움에 간섭을 안 하고부터 맞을 일도 사라졌죠."

지혜는 엄마가 동생과 싸우는데 매를 들지 않는다면 엄청나게 크게 싸울 거라고 했다. 아마 통제 불능 상태에 빠질 거라고 말했다. 간섭과 매가 사라지고 난 뒤에 난주 자매도 그렇게 격렬한 싸움을 벌였을까?

"처음엔 몇 번 투닥거렸는데 아무에게도 도움을 받을 수 없다는 생각이 드니까 심하게 못 싸우겠더라고요. 싸우다 보면 싸우는 이유도 모르겠고, 치고박고 싸우면 제가 더 많이 맞거든요. 그래서 다툼이 생기는 초기에 그냥 잘못했다고 말하게 됐어요. 언니 화가 풀어질 때까지 잘못했다고 하죠."

난주 엄마는 난주와 언니 사이에 벌어진 갈등을 당사자들이 직접 해결하라고 맡겼다. 처음에는 당연히 불안했을 것이다. 이런 방법을 써도 되나 싶었을 것이다. 그래도 믿고 맡겼다. 자신이 직접 나서서 문제를 해결하려고 숱하게 시도해도 어차피 안 된 일이었다. 간섭이 효과가 없다면 맡기는 수밖에 없다. 엄마가 심판관으로 나서서 갈등이 풀리지 않는다면, 아이들이 직접 해결하는 편이 훨씬 좋다고 보았다.

"엄마는 언니와 제 관계뿐 아니라 다른 관계도 다 제가 알아서 풀라고 해요. 물론 제가 고민하면 도움말은 해주시죠. 엄마가 주는 도움은 딱 그 수준까지예요. 나머지는 제가 다 알아서 해요. 친구끼리 다툼이 생겨도, 선생님이 못마땅해도, 학원이 마음에 안 들어도 제가 할 수 있을 때까지 하라고 해요. 엄마에게 털어놓기는 하지만 해결은 늘 제몫이죠. 처음엔 힘들었는데, 이제는 괜찮아요. 오히려 더 편해요."

매가 사라진 뒤에 난주네 자매 사이에 있었던 다툼도 사라졌다. 그렇다고 매 맞을 일이 완전히 사라졌을까?

"딱 한 번 있었어요. 무심코 큰 실수를 저질렀죠. 엄마는 크게 화를 냈어요. 저도 제가 잘못한 줄 알았어요. 의도는 없었지만 위험했죠. 엄마가 한 대 칠 듯했어요. 스스로도 제가 잘못했다고 생각했기에 억울하진 않았고, 그냥 맞을 때 찾아오는 고통이 두렵기만 했어요. 엄마는 등짝 한 대만 때리더니 더는 뭐라고 하지도 않았어요. 제가 참마음으로 잘못했다고 말씀드렸고, 두려움에 떠는 제 눈빛을 확인하고는 화가 풀어지신 거죠. 그러고는 제가 저지른 잘못을 엄마가 감당해 주셨어요. 그때 엄마가 저를 엄청 많이 사랑하는 것을 느꼈죠. 제가 책임질 일은 책임을 지게 하지만, 제가 감당 못할 일은 엄마가 감당해주시니 안심이 되었죠."

난주는 자기가 엄마가 되면 자식이 아무리 잘못해도 안 때릴 거라고 했다. 매는 효과 없으며, 격려와 칭찬이 훨씬 좋다고 확신했다.

"엄마에게 맞을 때와 지금을 견주면 확실히 지금이 나아요."

가정교육은 유전처럼 이어진다. 보고 배운 대로, 경험한 대로 하려고 한다. 난주는 엄마를 보고 매보다 믿음과 사랑이 더 나은 방법임을 믿게 되었다.

"제 애가 완전히 엇나가서 삐뚤어지게 행동을 하면 고민이 되겠죠. 아마 처음에는 그렇게 크게 엇나가지 않을 거예요. 처음에 잘해야죠. 만약 그래도 엇나간다면 어떤 애인지 두고 볼 거예요. 성격이 모나서인지, 잠깐 반항심 때문인지, 나쁜 친구들 영향인지 확인해 보고 그에 맞는 방법을 써야죠. 아무튼 매는 아니에요."

형제끼리 다툼은 관계를 배우는 연습

아직도 난주는 언니와 가끔 싸운다. 여전히 엄마는 둘 사이에 일어난 다툼에 눈길조차 주지 않는다. 그래서 난주 자매는 알아서 문제를 해결한다. 처음부터 잘 되지는 않았지만, 차츰 서로를 이해하고, 넘지 말아야 할 선이 무엇인지 원칙을 세우고 지켜 나갔다.

"옛날에 치열하게 싸웠던 경험이 꼭 불필요했다고 보지는 않아요. 그건 마치 사자 새끼들이 투닥거리며 싸우는 거랑 비슷해요. 사자 새끼들도 겉으로 보기엔 형제끼리 싸우는 거지만 그 속에서 싸우는 기술을 배우잖아요. 자기 몸을 어떻게 쓰고, 사냥을 어떻게 하고, 적을 만났을 때 어떻게 하는지 배워요. 언니와 제가 했던 다툼도 비슷해요. 육박전까지 벌였지만 저희는 그래도 자매에요. 같은 엄마에게서 태어난 딸이란 사실은 변하지 않죠. 만약 친구와 그렇게 싸웠다면 원수가 됐을 거예요. 전 언니랑 싸우면서 싸우는 법도 익히고, 친밀한 관계를 맺어가는 방법도 익혔어요. 나쁜 점도 많았지만 배운 점도 많았어요."

가정에서 아이들은 부모를 통해 관계를 맺는 원리를 배운다. 부모자식 사이는 조건 없는 사랑과 보살핌이다. 이 관계를 통해 애정, 신뢰, 믿음을 배운다. 아이들이 맺는 둘째 관계는 형제다. 형제는 조건 없는 사랑을 나누는 사이가 아니다. 먼저 태어나고, 나중에 태어나서 어느 정도 위계는 있지만 거의 대등한 관계다. 사회생활을 할 때 수평 관계를 어떻게 풀어나가야 하는지 형제끼리 보내면서, 다투면서, 화해하면서 배운다.

어쩌면 형제끼리 다툼은 없어야 한다는 어른들의 생각이 오히려 더 많이 다투게 하지는 않을까? 싸우지 말라고 때리는 매가 오히려 싸움을 붙이는 역효과를 가져오지는 않았을까? 도저히 용납할 수 없는 싸움에만 끼어들고 그렇지 않은 다툼은 스스로 해결하라고 맡겨둔다면 어쩌면 형제끼리 알아서 질서를 잡아 나가고, 균형 잡힌 관계를 자기 힘으로 형성해 나가지 않을까?

물론 모든 형제에게 이런 원리가 적용되기는 어렵다고 본다. 오늘도 여전히 형제끼리 다투는 가정이 많고, 그 사이에 끼인 부모는 이러저러한 이유로 야단을 치고 매를 든다.

부모가 지닌 결핍이 매를 들게 한다

아이가 학교에 가기 싫다고 아침마다 짜증을 낸다. 공부하라고 했더니 제대로 하지 않는다. 가게에서 뭐 사오라고 시켰더니 한 시간이 지나도록 물건 하나 사오지 못한다. 아무 이유 없이 동생에게 짜증을 내고, 물건을 집어 던지기도 한다. 이럴 때 부모는 어떻게 해야 할까?

김지윤(45세) 씨는 슬하에 윤희(고1, 딸)와 태준(중1, 아들)을 둔 엄마다. 지윤 씨는 매에 관한 질문을 던지자 이렇게 답했다.

"저는 정말 야만인처럼 때렸어요."

매를 드는 부모 중에 거의 절대 다수가 격식을 갖춰서 때리지 않는다고 위로를 건넸지만, 위로가 되지 않은 듯했다.

"저는 어릴 때 야단은 맞았지만 매를 맞은 적은 한 번도 없었어요. 그런데 저는 왜 매를 들게 되었을까요? 정말 모르겠어요. 아직도 애들을 무자비하게 대했던 저를 떠올리면 안타깝고, 미안하고, 속상해요."

체벌은 가정에서 유전된다고 하지만, 매를 맞지 않고 자란 부모가 매를 들기도 하고, 매를 맞고 자란 부모가 전혀 매를 들지 않기도 한다. 명진호(45세) 씨는 어릴 때 엄청나게 맞고 자랐다. 아빠는 가혹하게 형제에게 매를 들었고, 무지막지하게 일을 시키기도 했다. 툭하면 술에 취해 들어와 집안 살림을 때려 부쉈다. 이 정도 폭력에 노출되어 살았으면 어른이 되어 아이들에게 매를 댈 만도 하건만, 진호 씨는 단 한 번도 아이들에게 매를 들지 않았다. 아이들이 잘못해도 때리지 않을뿐더러 심하게 나무라지도 않는다.

"저는 그런 아버지가 되기 싫었죠. 절대로 자식들을 때리지 않겠노라, 내 자식들에겐 나쁜 말을 않겠노라 다짐하고 또 다짐했어요."

진호 씨는 그 다짐을 지금까지 지켜왔다.

안타깝게도 지윤 씨는 그 반대였다.

"둘째 태준이는 아무런 문제가 없었어요. 문제는 윤희였죠. 초등학교 2학년 때 윤희에게 수학을 가르치는데 너무 못했어요. 답답하고 화가 치밀어서 수학 문제집을 찢어 버렸죠. 윤희에게 엄청나게 쏘아 붙였어요. '네가 바보야? 머리가 병신이야? 도대체 바보 머저리도 아니면서 수십 번 가르쳐 준 문제를 왜 못 풀어?' 하며 욕을 해댔죠. 윤희 수학 실력을 보면 정말 어처구니가 없었어요. 다른 것도 제대로 못하는데 공부마저 못하니 어떻게 살아갈지 막막했어요. 그 막막함이 제 이성을 집어삼켜 버렸어요."

부모의 딜레마, 매

많은 부모들이 공부 때문에 야단을 치고, 매를 든다. 공부하기로 약속을 해놓고 어겼을 때, 숙제를 안 했으면서도 했다고 거짓말을 할 때, 학원에 가서 공부하는 줄 알았는데 게임방에 갔을 때, 열심히 하지 않고 게으름을 피울 때, 학교 시험을 봤는데 성적이 안 좋을 때, 야단을 치고 매를 든다. 사연은 가지각색이고, 겉으로 드러난 형태는 다르지만 그 뿌리는 공부다.

부모는 자기도 모르게 아이 약점을 공격한다

"윤희 공부 실력이 떨어져서 말도 못하게 괴로웠지만, 그 뒤로 다른 문제가 워낙 커져서 공부로 야단칠 기회조차 없었어요. 윤희가 중2 때였어요. 제가 초2 때 엄마가 수학 문제집 찢은 거 기억하냐고 물었더니 윤희는 기억을 못하더라고요. 그 때 상황을 이야기해 주었더니 '그렇구나' 할 뿐이었어요. 그런데 저는 기억을 못하는 일을 윤희는 기억하는 경우도 있었어요."

어쩌면 그때만 공부로 야단친 건 아니었을지도 모르고, 숱하게 야단을 쳤을지도 모르지만 기억에서 사라진다. 자신이 중요하게 여기지 않는 일이기 때문이다. 부모들은 자신이 인식하는 것보다 훨씬 더 많이 잔소리하고, 야단을 치고, 매를 든다. 아이들 기억도 비슷하다. 아무리 야단을 맞아도 별 상처가 되지 않았다면 기억에서 사라지고, 별 말 아닌 야단에도 그게 자신에게 중요한 일이면 기억에 오래 남는다. 윤희가 그랬다.

"저는 수학 문제집을 찢은 것만 기억했어요. 그런데 윤희는 수학 문제집 옆에 있던 책, 그러니까 자신이 가장 좋아하고 즐겨 보는 책을 엄마가 찢었다고 말하더라고요. 처음 듣는 얘기였어요. 윤희가 힘들 때도 보고, 기분 좋을 때도 보는 책이었는데 그걸 엄마가 찢어버려서 크게 충격을 받았다고 했어요. 얼마나 엄마를 원망했는지, 지금도 그 생각만 하면 엄마가 미워지려고 한다고 했어요. 제가 왜 찢었을까요? 솔직히 저는 전혀 기억이 안 나요."

야단을 치는 사람들은 자신이 중요하게 여기는 것은 잘 기억한다. 야단을 맞는 아이들은 야단을 맞는 내용보다 자신이 중요하게 여기는 감정과 생각에 머문다. 부모가 야단을 아무리 쳐도 소용이 없을 경우, 야단치는 사람과 야단맞는 사람이 전혀 소통하지 못하고 있기 때문이라고 보면 된다.

여기서 눈여겨보아야 할 대목이 있다. 왜 지윤 씨가 딸이 가장 아끼는 책을 찢었을까? 얼떨결에 그냥 찢었을까? 깊이 따져 볼 대목이다.

현아(중3)는 세상에서 엄마가 가장 무섭다고 고백했다. 엄마에게 매를 맞을 나이도 지났고, 공부도 잘하는데 왜 무서워할까?

"엄마는 저를 너무 잘 알아요. 그래서 제가 잘못을 했을 경우 제가 가장 소중하게 여기는 것을 빼앗아가세요. 제가 가장 자존심 상해할 만한 말을 막 하시든가. 아니면 제가 가장 아끼는 물건을 박살낸 경우도 있어요. 어릴 때 맞았을 때도 마찬가지였어요. 야단을 치고, 매를 들고 난 뒤에, 꼭 제 약점을 공격했어요. 매가 사라졌고, 야단도 부쩍 줄었지만 지금도 엄마를 대할 때마다 두려움이 뭉글뭉글 올라와요."

부모, 특히 엄마들은 아이가 지닌 약점을 잘 안다. 대놓고 아는 경우도 있지만, 무의식으로 파악하는 경우가 더 많다. 아이들을 야단칠 때 부모는 아이가 지닌 약점을 아주 교묘하게 써먹는다.

정수(중2)는 초5때까지는 건담을 무척 좋아했다. 방 한 구석에 건담을 가득 쌓아두고 살았다. 힘들 때마다 건담을 조립하거나, 건담으로 놀이를 했다. 공부도 건담 때문에 했다. 엄마가 건담을 사준다고 하면 뛸 듯이 좋아하며 공부를 열심히 했다. 정수 생일이나 기념할 만한 날에는 어른이건, 친구들이건 정수에게 건담을 선물했다.

초등학교 5학년 어느 날, 정수가 큰 잘못을 저질렀다. 명백한 잘못이었다. 엄마는 화가 치솟아 정수를 야단쳤지만 정수는 솔직히 인정하지 않고 핑계를 댔다. 평소에도 잘못을 인정하는 태도가 가장 중요하다고 강조했던 정수 엄마는, 화를 감당하지 못하고 방 한 쪽 벽을 장식하고 있는 건담을 집어 던졌다. 정수는 기겁을 했지만 엄마 기세에 눌려 한마디도 못했다. 건담은 절반 이상이 박살났고, 정수는 무릎을 꿇고 잘못했다고 빌었다. 정말 잘못을 깨달았기 때문이 아니었다. 생명처럼 소중한 건담을 지키기 위해서였다.

절반은 구했다. 정수는 엄마가 나가고 난 뒤에 직접 부서진 건담을 치웠다. 눈물이 펑펑 나왔다. 완전히 박살나 버려서 다시 조립할 수도 없었다. 그 뒤로 정수는 다시는 건담을 구입하지 않았다. 엄마가 비싼 건담을 내걸어도 열심히 공부하려고 하지 않았다. 다른 사람이 선물을 줘도 포장지도 뜯지 않은 채 내버려 두었다. 정수는 무서웠다. 건담에게 다시 애정을 쏟을 경우 또다시 엄마가 화가 나면 건담을 때려 부숴버릴지도 모르기 때문이다. 그 두려움을 없애는 방법은 건담을 향한 애정을 거둬들이는 것뿐이었다. 3년이 지난 지금, 벽 한쪽 귀퉁이에 놓인 건담들은 먼지만 수북이 쌓여 있다.

정수가 건담에 대한 애정을 거둬들이자 엄마는 잘못해도 건담을 건드리지 않았고, 3년 동안 무수한 잘못을 했음에도 건담은 먼지 하나도 건드려지지 않은 채 살아남았다. 건담은 무사했지만 정수 가슴 속에는 깊은 상처가 남았다. 애정을 주고, 열정을 쏟았을 때 또다시 그것을 엄마가 공격하면 어쩌나 하는 걱정이 생겼다. 아니 두려웠다. 정수는 엄마뿐 아니라 그 누구에게도 일정 수준 이상으로는 애정을 주지 않으며, 어떤 것에도 깊은 관심을 기울이지 않는다. 그것이 정수가 두려움에서 벗어나는 유일한 길이었다.

기철(중3)이는 더 심한 경우다. 기철이는 초등학교 4학년 때까지 레고를 엄청 좋아했다. 기철이 방 바깥쪽 베란다는 레고 천국이었다. 바닥뿐 아니라 벽 가득히 레고 세상이었다. 기철이는 레고를 조립하며 놀았고, 레고 세상에서 상상력을 펼치며 즐거워했다. 스트레스도 대부분 레고를 통해 풀었다. 기철이도 정수처럼 어느 날 큰 잘못을 저질렀고, 화

56

가 치민 엄마는 해서는 안 될 일을 해버렸다. 레고를 박살내 버린 것이다. 아니 기철이가 몇 년에 걸쳐 쌓아올린 레고 세상 전체를 박살내 버린 것이다.

야단과 매가 휘몰아치고 간 뒤 레고 세상은 완전히 초토화되어 버렸다. 레고 천국에 지옥 불이 떨어졌다. 다시 회복하려면 얼마나 걸릴지 몰랐다. 물론 기철이 실력이면 얼마든지 다시 레고 세상을 재건설 할 수 있었다. 정해진 틀이 아니라 자유롭게 조립했기 때문에 얼마든지 새로운 세상을 만들 수 있었다. 그러나 기철이는 그러지 않았다. 오히려 레고를 전부 쓰레기봉투에 담아서 버려 버렸다. 울지도 않았다. 레고가 사라진 베란다는 뿌연 먼지만 가득했다.

그 뒤로 기철이는 완벽한 무기력증에 빠졌다. 그 어떤 것도 하려고 하지 않았다. 엄마가 야단을 쳐도 반항하지 않았다. 잘못했다는 말도 하지 않았다. 그저 묵묵부답이었다. 언제라도 마음만 먹으면 엄마가 소중한 것을 빼앗아 갈지는 모른다는 두려움에 모든 의욕이 사라졌다. 심지어 게임도 하지 않았다.

명혜(초6)는 하고 싶은 것도 좋아하는 것도 없다. 그냥 학교에 다니라고 하니 다니고, 공부를 하라고 하니 한다. 하라고 해서 잘하기는 하지만 좋아하는 공부 따위는 없다. 수학을 좋아했는데 수학 때문에 야단을 심하게 몇 번 맞은 이후로 수학은 어쩔 수 없이 하는 공부로 변해 버렸다. 미술과 피아노도 '연습 대충 하려면 그만두라'는 엄마 말을 듣고 바로 그만두었다. 스트레스를 풀기 위해 다니던 태권도도 '공부는 안 하고 태권도만 열심이냐'는 빈정거림을 듣고는 다시는 가지 않았다.

한때는 연예인에 푹 빠져 지내기도 했다. 열심히 '덕질'을 했다. 좋아하는 연예인 사진과 기념품이 방을 가득 채웠다. 그것도 얼마 가지 못했다. 성적이 떨어졌다고 엄마가 가장 아끼는 브로마이드를 버린 뒤 명혜는 옛 악몽이 떠올라 재빨리 연예인에 대한 관심을 접었다. 좋아하는 것을 잃는 두려움에 또래들이 열광하는 드라마조차 일부러 보지 않았다. 잘못을 하면 드라마 보는 걸로 엄마가 협박을 하기 때문이다.

자신이 좋아하는 것들이 점점 사라지고, 그 자리는 무미건조한 학교 공부가 들어찼다. 공부를 못하면 야단맞고, 심하면 매를 맞기 때문에 명혜는 열심히 공부한다. 그러나 그게 전부다. 그냥 열심히 외우고, 문제 풀고, 시험을 볼 뿐이다. 무엇을 위해서, 왜 하는지도 모른 채, 자신이 좋아하는 것들은 전부 놔 버린 채 공부하는 기계로 산다.

다영(중3)이는 어느 날 밤 엄마와 작은 일로 다투었다. 양말로 시작한 다툼이었는데, 점점 커져버렸다. 평소 다영이 학교생활과 공부에 불만이 많던 엄마는 다영이를 몰아붙였고, 다영이는 다영이대로 불만을 터트렸다. 말은 격렬해졌고 엄마 입에서 욕이 튀어나왔다. 입에 담기 힘든 욕이었다. 다영이는 굴하지 않고 버텼다. 몇 대 맞아도 버티며 따졌다.

그러다 엄마가 분을 이기지 못하고 다영이 휴대전화를 집어 들었다. 부숴버리겠다고 위협했다. 위협은 통했다. 그때까지 버티던 다영이는 휴대전화를 쥔 엄마에게 바로 굴복했다. 무릎을 꿇고 잘못했다고 빌었다. 조금 전까지 단 한마디도 지지 않고 대들던 다영이는 노예처럼 굴종

했다. 엄마는 더 화가 났다. 이 따위 휴대전화가 뭐라고 갑자기 고분고분해지는 딸이 더 미웠다. 울면서 빌었지만 휴대전화는 산산이 부서졌다. 그 순간 다영이는 그대로 일어나서 집을 나와버렸다. 더 이상 울지도 않았다.

약점을 잡히면 사람은 거의 다 움찔한다. 자존감이 낮은 사람은 자존감을 건드리면 불끈 화를 낸다. 인정받고 싶은 사람은 지적에 민감하다. 승부욕이 강한 사람은 패배할 위기가 오면 분노한다. 다른 사람 위에 서야 안심이 되는 사람은 남이 내 위에 서는 꼴을 못 본다. 사람은 자신이 귀하게 여기는 지점을 공격당하면 꼼짝 못한다. 휴대전화를 귀하게 여기는 아이에게서 휴대전화를 빼앗는다고 하면 말을 잘 듣는다. 가족을 소중히 여기는 사람에게 가족을 협박하면 아무리 지조가 굳세도 굴복한다. 애정은 인간을 인간답게 하지만, 공격 대상에게 노출되면 견디기 힘든 약점이 된다.

부모, 특히 엄마들은 화가 났을 때, 야단을 칠 때 이런 약점을 파고든다. 약점을 치면 단기간에는 효과를 본다. 그러나 길게 보면 아이가 지닌 자존감을 무너뜨리고, 좋아하는 대상을 없애며, 사랑을 거둬들이게 하고, 열정이 사라지게 하며, 사람에 대한 신뢰를 무너뜨리고, 친밀한 관계를 맺지 못하게 하며, 미래를 불안하게 만든다. 이렇게 큰 악영향을 끼침에도 오늘도 수많은 부모들이 단기 효과가 좋은 약점 공격을 쓰고, 그 때문에 아이에게 정말 필요한 재능과 정서를 무너뜨리는 어리석은 짓을 벌인다. 물론 부모 스스로는 인식하지 못한 채.

때리고 자책감에 시달리는 엄마

지윤 씨도 딸인 윤희의 약점을 집요하게 공격했음을 인정했다. 물론 목적은 순수했다. 윤희에게 나타나는 문제를 해결하기 위해서였고, 윤희를 건강한 아이로 키우기 위해서였다.

"윤희는 사람과 참 못 어울렸어요. 조금이라도 낯선 사람이면 대답도 못했어요. 말을 해도 속으로 웅얼거리기만 해서 알아듣기 힘들었죠. 친척 집에 가도 어찌나 낯을 가리는지 대놓고 눈치를 줄 정도였죠. 심지어 아픈데도 병원에 안 가려고 했어요. 의사 선생님이 낯선 사람이라고. 그러니 제가 미쳐버리죠. 난리 치지 않고 배기겠어요?"

윤희와 같은 아이를 키울 때 얼마나 답답한지는 당해보지 않은 사람은 모른다. 사랑하는 내 아이가 심하게 모자라고, 문제 많은 아이임을 알았을 때 엄마는 어떻게든 고치려고 한다.

"윤희는 운동도 참 못해요. 저도 운동을 못해서 많이 힘들었는데 윤희도 그러니까 숨이 꽉 막혔어요. 집에서는 씻지도 않아서 냄새 나고, 방은 엄청 지저분해서 제가 치우지 않으면 며칠 만에 쓰레기장을 만들어 놔요.

초등학교 4학년 때였을 거예요. 워낙 낯을 가리고 아무것도 못해서 고쳐보려고. 일부러 가게서 물건을 사오라고 시켰어요. 보내기 전에 집에서 말하는 연습을 수십 번 시켰어요. 연습 때는 잘했죠. 돈을 주고 내보냈는데…… 휴, 말 한마디 꺼내지 못하고 그냥 돌아왔어요. 너 병신이냐? 너 바보냐? 몰아붙였죠. 다시 보냈는데도 여전했죠. 손으로 등짝을 때리면서 너 죽고 나 죽자고 했어요. 그래 봐야 해결이 안 됐죠."

이런 상황에서는 아이를 때리는 부모도 힘들다. 매를 든다고 풀리지 않는다는 걸 알면서도 절박감에 아이를 때린다.

"자책감이 굉장히 심했어요. 내가 해서는 안 될 짓을 하고 있구나, 내가 아이에게 큰 상처를 주고 있구나, 내가 나쁜 엄마구나 하는 생각이 끊임없이 올라와서 숨이 막혔어요. 자식에게 해서는 안 될 죄를 지은 기분! 제 자신을 용서하기 힘들었어요. 진짜 미치겠는 건 그렇게 죄책감에 시달리면서도 야단과 매를 멈출 수 없다는 거예요. 안 되는 줄 알면서도, 소리치고 때리기라도 하지 않으면 정말 제 머리가 어떻게 되어버릴 것 같았으니까요. 지푸라기라도 잡고 싶은 심정이었죠."

아무리 심하게 야단을 치고, 아이에게 상처를 주었더라도 평소에 충분한 사랑을 주었다면 아이는 엄마를 불신하지 않는다. 엄마가 나를 사랑하면서 야단을 치기 때문이다. 사랑을 얻으려고 엄마가 하라는 대로 따르겠다고 마음먹고, 자신을 변화시키려는 노력을 보이기도 한다. 사랑이 지닌 힘이다. 이렇게 사랑은 상처까지도 감싸고 아물게 한다.

"저는 아이에게 사랑을 잘 표현 못했어요. 죄책감에 시달릴 때면 아이에게 편지를 썼어요. 이러저러해서 엄마가 화를 냈는데 미안하고 사랑한다는 편지였죠. 윤희에게 편지를 남기고, 나중에 '편지 읽어 봤니?' 묻고는 '미안하다'고 한마디 하고 말았죠. 넘치도록 이야기를 나누고, 잘못은 잘못했다고 인정하고, 사랑으로 꼭 껴안아 주어야 했는데, 그러지 못했죠."

이제 윤희와 엄마는 아주 친밀한 사이로 바뀌었다. 지윤 씨는 윤희에게 사랑을 표현하려고 애쓴다. 서투르긴 하지만 노력한다. 윤희도 힘든 점을 속 시원하게 털어놓는다. 도대체 윤희와 엄마 사이에 무슨 일이 있었던 걸까?

원인에 맞는 해결책을 찾아라

"매와 야단은 아무런 효과가 없었어요. 윤희는 맞을 때마다 더 반항했고, 야단칠 때마다 큰소리로 대들었어요. 답답함을 이기지 못해 소아정신과에 갔죠. 청소년 심리상담가도 찾아갔어요. 그리고 알았죠. 문제가 생긴 원인이 무엇이었는지."

지윤 씨가 밝힌 사연은 이렇다.

지윤 씨는 대학에서 강의를 했다. 남편은 먼 지방에서 일을 했기에 주말부부로 지냈다. 윤희는 2개월부터 고모집에 맡겼다. 토요일에는 남편과 만나서 고모집으로 가서 윤희를 찾았다. 그러고는 시댁을 가거나,

부모의 딜레마, 매

친정에 갔다. 일요일 밤에 다시 고모집에 가서 아이를 맡기고, 월요일 새벽에 남편이 지방에 가도록 차로 바래다주었다. 그런 생활을 아이가 20개월이 될 때까지 했다.

차라리 고모집에 꾸준히 맡겼다면 괜찮았을지도 모른다. 토요일마다 엄마와 아빠가 찾아오기는 하나, 시댁으로, 친정으로 낯선 환경에 끊임없이 놓여야 하는 아이 정서는 불안정할 수밖에 없었다. 더구나 지윤 씨와 남편은 아이를 편하게 돌보지도 못했다. 둘 다 애를 제대로 돌볼 줄 모르니 집에서 가만히 아이를 돌보는 시간을 견디지 못했고, 늘 시댁으로 친정으로, 친척집으로 움직였다. 그 바람에 아이도 힘들고, 주말에 쉬어야 할 두 부부는 쉬지도 못했다. 부부 관계는 나빠지고, 아이 정서도 엉망이 되었다.

20개월 뒤부터는 친정에 맡겼다. 친정집에 맡기니 조금은 편해졌지만 여전히 불안정한 생활이 이어졌다. 둘째가 태어난 뒤에야 지윤 씨는 직장을 그만두었다. 전업주부가 된 뒤에도 윤희는 엄마와 관계를 제대로 맺지 못했다. 동생과 엄마가 진한 사랑을 표현할 때에도 윤희는 구경꾼이었다.

"그때는 까맣게 몰랐어요. 일 때문에 바빴지만, 전업주부가 되고 나서부터는 내가 직접 돌보는데 어쩜 이렇게 말썽만 부리나 하는 생각만 했어요. 아무 것도 아닌 물건에 집착을 보이고, 관계를 맺었다 하면 탈이 나고, 이유 없이 짜증을 내고, 조금도 가만히 있지 못하는 아이에게 끊임없이 화를 내고, 야단치고, 그래도 안 되면 등짝을 후려 갈겼죠. 제가 공부 때문에 야단을 친 이유도 실제로는 공부가 원인이 아니었어요. 진짜 이유는 불안이었죠. 저렇게 엉망인 애가 공부마저 못하면 이 세상을 어떻게 살아가나 싶었어요. 제 불안이 아이를 다그치게 만들고, 수학 문제집을 찢게 만들고, 공부 못한다고 등짝을 인정사정없이 후려치게 만든 거죠.

저도 운동을 못하고, 관계 맺기를 어려워하고, 이유 없는 집착이 있었어요. 그런 걸 저는 공부를 통해 덮고 지내왔어요. 공부를 잘했기에 다른 건 가려졌죠. 그런데 윤희는 그러지 못해요. 그런 윤희 앞에 펼쳐질 삶이 환히 보였어요. 악몽이죠. 악몽도 그런 악몽이 없어요. 제 결핍이 원인이었어요."

지윤 씨는 문제가 생긴 원인을 정확히 찾아낸 뒤에 더는 윤희를 때리지 않았다. 물론 가끔씩 야단을 치고 소리도 질렀다. 그러나 대화를 오래 나누고, 사랑을 주기 위해 애썼다. 스스로 결핍을 치유하기 위해 심리 상담도 꾸준히 받았다. 부모 교육도 수차례 받으며 달라지려고 온 힘을 기울였다. 윤희도 상담을 받으며 스스로 성장해 나갔다. 이런 노력이 쌓이자 윤희도 엄마도 전혀 다른 사람이 되었다. 아직도 윤희는 가끔 엄마에게 대들지만 예전과 달리 금방 자기 잘못을 인정하며, 엄마 말을 받아들이게 되었다.

윤희와 지윤 씨 관계에서 매는 전혀 불필요했다. 매는 해결책이 아니었다. 그렇다면 지윤 씨가 윤희를 향해 때린 매가 무조건 나쁘기만 했을까?

무기력보다는 매가 훨씬 낫다

병수(고2)는 아무 데도 안 나가고 집에 처박혀 있다. 여동생(중3)은 밖으로 싸돌아다니기만 한다. 엄마는 병수에게 많은 정성을 기울이지만 어찌 해볼 도리가 없다. 아빠는 돈만 벌어올 뿐 조금도 마음을 안 쓴다. 부부끼리 자식 문제로 대화를 하면 아내만 이야기를 하고 남편은 묵묵부답이다.

엄마는 집에만 처박히려는 병수를 밖으로 끌어내기 위해 갖은 수를 다 썼지만 모든 시도는 실패했다. 어릴 때 병수는 엄마에게 사랑을 제대로 받지 못했다. 지윤 씨 딸 윤희처럼 엄마와 애착관계를 형성하지 못했고, 불안한 상황에 노출 됐다. 다른 점이 있다면 지윤 씨는 윤희를 붙잡고 어떻게든 고치려고 소리를 지르고, 야단을 치고, 때렸다는 것이다. 병수 엄마는 단 한 번도 그렇게 하지 않았다. 아이가 문제가 있음을 발견했지만 어떻게든 좋게좋게 공부만 잘하는 아이로 키우려고 했다. 저러다 괜찮겠거니 하며 지켜보았다.

그러다가 심각함을 깨달은 병수 엄마가 심리상담사를 찾았다. 문제가 생긴 원인도 파악했다. 어떻게 해야 할지 방법도 찾아냈다. 그러나 병수가 거부했다. 엄마 말을 전혀 듣지 않았다. 점점 상태가 악화되던 병수는 학교를 거부하더니 집에 틀어박혔다. 은둔형 외톨이가 된 것이다. 아무것도 하지 않았고, 어디에도 가지 않았으며, 그 어떤 말도 듣지 않았다.

"윤희는 강해요. 제가 그렇게 야단을 치고, 매를 들었는데도 저에게 굴복하지 않았죠. 지금은 달라요. 고집을 부리다가도 제가 부드럽게 잘못을 따지고 들면 받아들여요. 윤희는 자신이 하고 싶은 일, 목표에 대한 열정이 대단해요. 외국에 가서 뭔가를 배우겠다고 저를 끊임없이 졸라서 어쩔 수 없이 보내주기로 했죠."

윤희는 생존력이 있다. 강한 에너지가 있다. 그 에너지는 엄마에게서 왔다. 병수는 엄마가 나약하게 돌봤다. 문제가 있음을 알면서도 개선하려는 시도조차 안 했다. 병수 엄마는 약했다. 에너지가 없었다. 반면에 지윤 씨는 엄청난 에너지가 있었다. 그 에너지를 제대로 쓸 줄 몰라서 야단과 매로 가긴 했지만, 그 에너지가 윤희를 무기력에 빠지지 못하게 만들었다.

병수 엄마는 침묵으로, 은근한 비꼬임으로, 말은 안하지만 마음에 안 든다는 숱한 신호로 병수에게 문제가 있음을 전달했다. 좋게 풀리겠지 하는 막연한 기다림으로 아이를 방치했다. 남들이 이상하다고 지적하면 괜찮다며 방어하기에만 급급했다. 그러다 병수가 돌이킬 수 없는 상황에 이르러서야 문제가 심각함을 깨달았다. 지금도 병수 엄마는 해결할 에너지가 부족해서 좋아지겠거니 하는 막연한 생각만 붙잡고 산다.

분노는 세상을 살아갈 힘을 주지만, 무기력은 삶을 포기하게 만든다. 분노와 화에 담긴 에너지를 적절하게 올바른 방향으로 끌어주면 삶을 향한 긍정 에너지가 된다. 반면에 무기력한 사람에게 진짜 삶은 없다. 방치보다는 매가 낫다. 물론 학대는 방치와 마찬가지로 무자비한 가정 폭력이다. 지윤 씨처럼 아이를 건강하게 만들기 위해, 문제를 고치기 위해 끝없이 갈등하고 다투고, 매를 때리는 행위는 부적절한 방법일지는 몰라도 아무런 시도조차 없는 것보다는 백배, 천배 낫다.

시도하지 않으면 실패는 없다. 그러나 시도가 없으면 변화도 없다. 매는 문제를 개선하려는 시도이며, 그런 점에서는 무기력한 방치보다 훨씬 낫다. 실패는 시도하는 자만 누리는 특권이다. 물론 실패한 시도는 재빨리 그만두고 다른 시도로 넘어가야 한다. 애정 결핍과 애착 결여로 인해 문제 행동을 보이는 아이에게 매는 적절한 치료제가 아니다.

: 2부 :

동서양 철학자들,
매에 대해 논하다

장자, 문제는 아이가 아니다

매는 잘못된 길로 들어서는 아이를 꾸중하고, 바른 길로 인도하기 위한 수단이다. 그릇된 삶을 버리고 바른 삶을 살라는 요구다. 매는 잘못을 아이에게 묻는 질책이며, 바르게 살지 않으면 그릇된 길, 잘못된 삶을 살게 되리라는 경고다.

장자에게 '그릇된 아이를 바른 길로 이끌기 위해 드는 매를 어떻게 생각하느냐?' 하고 묻는다면 어떤 답을 할까?

말(馬) 발굽은 서리나 눈을 밟아도 끄떡없고, 털은 바람과 추위를 막기에 넉넉하다. 말은 풀을 먹고 물을 마시며 신나게 들판을 뛰어다닌다. 이게 말이 지닌 본성이다. '백락'은 말을 잘 다룬다고 칭송받는데 털을 깎고, 발톱을 깎아 말굽을 달고, 고삐를 매어 마구간에서 기른다. 훈련을 시킨다고

부모의 딜레마, 매

굽기며, 열을 맞춰 달리게 한다. 명령을 듣지 않는 말은 채찍으로 때린다.
그러다 보니 숱한 말이 죽는다. 과연 백락이 말을 잘 다루는 사람인가?
도공은 찰흙을 잘 다뤄 멋지게 도자기 그릇을 만든다고 자랑하고, 목수는
나무를 잘 다뤄 가구를 잘 만든다고 자랑한다. 도자기는 흙이 지닌 본성이
아니며, 가구는 나무에 깃든 본성이 아니다. 도공과 목수가 흙과 나무를
잘 다룬다고 누가 말하는가?

– 「장자」

'백락'은 말(馬)을 잘 다룬다고 칭송을 받지만 장자가 보기에 백락은
말을 잘 다루는 사람이 아니다. 백락은 말을 인간이 요구하는 쓰임에 맞
게 억지로 바꿀 뿐이다. 본성에 안 맞는 일을 시키려다 보니 채찍을 들
어 강요하고, 먹이를 주지 않아 억지로 굴종하게 만든다. 본성에 안 맞
는 교육을 받다 보니 어떤 말(馬)은 죽기도 한다. 백락에게 교육을 받은
말은 사람이 시키는 말(言)에 잘 따른다. 그러나 그런 말은 이미 자연스
런 말, 본성대로 사는 말이 아니다.

　백락을 부모에, 말을 아이에 놓으면 장자가 매에 대해 답변할 의견
이 뚜렷하게 드러난다. 매란 아이가 지닌 본성을 억지로 바꾸려는 인위
(人爲)다. 백락이 내리는 지시를 말이 안 들으면 채찍을 들듯이, 자녀가
말을 안 들으면 때려서 부모가 원하는 길로 가게 만든다. 이는 아이가
지닌 본성을 살리는 교육이 아니다. 굽은 나무를 펴게 하면 겉으로 보기
에는 그럴 듯 하겠지만 자기 본성대로 자라지 못하는 나무 처지에선 그

보다 더한 비극이 없다.

장자가 보기에 문제는 아이가 아니라 아이가 본성대로 살지 못하게 만드는 환경이요 교육이다. 본성을 억압하는 환경이나 교육이 없다면 아이는 자기 본성에 맞게 자연스럽게 자라나며, 자기 할 도리를 제대로 하며 자라날 것이다. 아이가 잘못을 저지른다면 이는 본성이 나빠서가 아니라, 아이가 본성대로 살지 못하게 하는 주위 환경이나 교육이 문제다. 아이가 잘못을 저지른다면 아이를 야단치고 매를 들 것이 아니라 아이 본성에 반하는 주위 환경이나 교육이 무엇인지 살펴보는 게 먼저다.

> 사람은 축축한 곳에서 자면 제대로 잠을 못자지만, 미꾸라지에게는 축축한 곳이 아주 편안한 잠자리다. 사람은 높은 나무에 올라가면 두려워하지만, 원숭이에게는 아주 편안한 집이다. 사람이 사는 곳과 미꾸라지가 사는 곳과 원숭이가 사는 곳 가운데 어느 곳이 올바른 집이라 말하기 어렵다. 아무리 아름다운 미녀라도 물고기가 보면 놀라 도망가고, 새가 보면 멀리 하늘로 날아가고, 토끼가 보면 헐레벌떡 도망친다. 인간에게 아름다워 보여도 짐승에겐 그저 위협일 뿐이다. 아름다움이란 보기에 따라 다르다. 옳고 그름은 내 눈으로 보기엔 절대불변일지 모르지만, 실제론 구별하기 어렵다.
>
> —「장자」

장자는 '상대주의'를 주장한다. 무엇이 옳고 그른지 구별하기 어렵

부모의 딜레마, 매

다는 말이다. 나에게 절대 진리가 상대에게도 절대 진리라고 확신하긴 어렵다. 조삼모사(朝三暮四) 이야기도 상대주의 세계관을 설명하면서 나온 고사성어다.

송나라에 원숭이를 키우는 저공이란 사람이 살았다. 저공은 원숭이를 아주 좋아해서 사람이 먹는 식량까지 원숭이들에게 주었다. 원숭이들도 저공을 잘 따랐다. 원숭이가 워낙 많아지면서 먹이를 대는 일이 쉽지 않게 되었다. 하는 수 없이 저공은 원숭이에게 줄 먹이를 줄여야 했다.

"너희들에게 나누어 주는 도토리를 앞으로는 '아침에 3개, 저녁에 4개(조삼모사朝三暮四)'씩 줄 생각인데 어떠냐?"

지금까지 10개 넘게 먹었는데 아침에 3개, 저녁에 4개로 줄인다고 하니 화가 난 원숭이들은 격렬하게 항의했다. 저공은 고민한 뒤 다음과 같이 다시 제안했다.

"그래 그럼 너희들을 생각해서 아침에 4개, 저녁에 3개씩 줄게."

원숭이들은 아침에 4개 준다는 말에 다들 좋아했다.

이 이야기를 소개하고 난 뒤에 장자는 다음과 같은 문장을 덧붙인다.

명분과 이익에 아무런 변화가 없는데도 기뻐하기도 하고, 성을 내기도 하니 이는 옳고 그름을 가리려는 마음 때문이다.

— 「장자」

조삼모사(朝三暮四)는 어리석은 사람을 비웃는 말이 아니다. 인간이 다투고, 시시비비를 가리려는 행위 자체가 얼마나 어리석은지 보여주는 고사성어다. 본질은 같은데 작은 차이를 놓고 서로 다투고, 시비를 가리려 하고, 전쟁을 치르는 사람들에 대한 비판이다.

인간에게는 아무리 아름다운 여인이라 할지라도 동물들에게는 아름답지 않다. 미꾸라지에게 어울리는 집이 원숭이나 사람에게 좋은 집일 수가 없다. 축축한 곳이 집짓기 좋은지, 나무 위가 집짓기 좋은지 따지며 싸우는 짓은 아침에 3개, 저녁에 4개를 먹는 것이 옳은지, 아침에 4개, 저녁에 3개를 먹는 것이 옳은지를 두고 다투는 것과 다르지 않다.

부모가 아이를 가르치려고 드는 매도 이 범주에서 벗어나지 못한다. 그렇다면 장자는 부모가 보기에 삐뚤어진 아이를 그대로 내버려 두라고 하는 것일까?

사마귀는 수레가 다가오면 앞발을 쳐들고 맞서려 한다. 당해내지 못할 게 뻔한데도 자기 능력을 지나치게 믿은 탓에 무리하게 맞서다 보면 결국 죽는다. 호랑이를 길들이려 할 때 호랑이가 지닌 성질을 거스르면 호랑이에게 잡아먹힌다. 호랑이를 길들이려면 산 생명을 주지 않아야 한다. 산 먹이를 주면 살기(殺氣)를 잃지 않기 때문이다. 호랑이를 길들이려면 호랑이가 지닌 먹성에 따라 음식을 조절하여, 호랑이가 지닌 살기가 자연스럽게 사라지게 해야 한다.

─「장자」

부모의 딜레마, 매

조그만 사마귀가 거대한 수레를 막아서려고 하는 짓은 어리석다. 당해내지 못할 게 뻔하다. 아이가 잘못된 길로 가는 것을 억지로 막으려 해 봐야 소용없다. 호랑이가 지닌 식성을 바꾸려고 채찍을 들면 호랑이가 채찍을 든 사람을 잡아먹는다.

호랑이가 지닌 살기(殺氣)는 산 음식을 먹는데서 비롯하므로, 살기를 잠재우려면 먹이를 바꿔야 한다. 먹이가 바뀌면 살기가 사라지고, 호랑이를 길들일 수 있다. 아이들이 나쁜 길로 가는 것을 바로잡는 방법도 동일하다. 모든 교육은 그 사람이 지닌 본성과 성질에 맞아야 한다. 억지로 할 게 아니라 그 본성에 맞게 가장 자연스러운 방법을 사용해야 한다. 아이가 어리석고 나쁜 짓을 하려고 하면 그렇게 만드는 요소를 자연스럽게 제거하고, 그 영향을 줄이는 방법을 취해야 한다.

이처럼 장자 철학에 비춰보면 매는 그리 바람직한 교육방법은 아니다. 그러나 매를 전혀 다른 차원으로 바라볼 가능성도 장자 철학에는 존재한다.

중국 어느 때, 어느 곳에 서시라는 미녀가 살았다. 서시는 약간의 두통이 있어서 가끔씩 찌푸렸다. 그 찌푸리는 모습조차 아름다웠다. 그 마을에 못생긴 여자가 살았다. 그 여자는 서시를 가만히 관찰하다가 서시가 찌푸리는 모습에 주목했다.
'옳다구나, 저게 바로 서시가 예뻐 보이는 이유구나!'
못생긴 여자는 서시처럼 찌푸리고 다녔다. 동네 사람들은 그 여자를 보고 서시는 본래 아름다웠다. 본래 아름다웠기에 찡그려도 아름다웠다. 못생긴 여자는 서시가 찡그리는 모습만 보고 서시가 아름다운 이유가 찡그림에 있다고 착각했다. 겉모습이 본질이라고 잘못 판단했다.

이 이야기를 매에 적용하면 두 가지로 해석이 가능하다. 첫째, 매가 옳고 그른지 가리는 짓은 부질없다는 해석이 가능하다. 매라는 행위는 서시가 짓는 찡그림이다. 매를 든다고 해서 아이를 바른 길로 이끌지 못한다. 매가 아니라 그 뒤에 감춰진 본질이 아이를 변하게 한다. 그러니 겉으로 드러난 매를 두고 시시비비를 가려봐야 부질없다. 매는 본질이 아니기 때문이다.

둘째, 상황이나 처지, 조건에 따라서 매가 전혀 다르게 나타난다는 해석도 가능하다. 서시에게 찡그림은 아름다움으로 나타나지만, 못생긴 여자는 더욱 못생긴 얼굴을 만든다. 매도 마찬가지다. 누구에게는 효과를 발휘하지만, 누군가에게는 큰 부작용을 주기도 한다. 그러니 모든 경우에 매를 적용하려 들면 안 되고, 모든 경우에 매가 소용없다고 말하기도 어렵다.

아래 우화는 장자 철학에서 매를 아주 다르게 해석할 여지를 준다.

동곽자가 장자에게 물었다.

"도(道)가 어디에 존재합니까?"

장자가 답했다.

"모든 곳에 존재합니다."

"예를 들어 말씀해 주십시오."

장자가 말했다.

"개미에게 있습니다."

동곽자는 깜짝 놀랐다.

"아니 그런 하찮은 개미에게도 도가 있다고요? 말이 됩니까?"

장자는 아랑곳하지 않고 답했다.

"들판에 피는 풀에도 도가 있습니다."

동곽자는 더욱 놀라 물었다.

"아니, 어떻게 더 하찮은 것에 있습니까?"

"기와나 벽돌에도 있습니다."

"더욱 하찮아지는군요."

"똥에도 있습니다."

동곽자는 기가 막혀 더는 말이 나오지 않았다.

"도는 어디에나 있습니다. 어디에 도가 있고, 없고가 없습니다. 세상 모든 곳에 도는 존재합니다."

ㅡ「장자」

장자에 따르면 세상 모든 곳에 도(道)가 있다. 개미, 풀, 기와, 벽돌, 심지어 똥에도 도가 있다면 매에도 도(道)는 있다. 그 어떤 방법이든, 그 어떤 삶이든 그 안에는 올바른 도리가 담겨 있기 마련이다.

모든 곳, 모든 삶에 도가 있기에 장자는 모든 곳에 적용하는 보편타당한 교육이나 원리를 주장하지 않는다. 모든 것은 때와 상황에 따라 다르다. 따라서 매도 무조건 나쁘다고 평가하기는 어렵다. 매도 매 나름이다. 장자 철학이 매를 인정하는 지점이다.

그러나 장자 철학을 두루 살펴보면 장자가 매를 좋게 볼 여지는 별로 없다. 인위(人爲)를 배격하고, 무위(無爲)를 앞세우며, 한가하게 노니는 소요유(逍遙遊)가 행복임을 주장한 장자에게 매는 부질없는 인위(人爲)일 뿐이다.

공자와 맹자, 인을 보여주고 바르게 이끌어라

공자와 같이 훌륭한 성인은 자식을 어떻게 가르쳤을까? '직접 가르치지 않는다'가 정답이다. 논어에 실린 이야기다.

진항이라는 이가 공자 아들인 백어에게 남다른 공부를 했냐고 물었다. 아버지가 위대한 스승인 공자이니 백어가 따로 배우는 바가 있으리라 여겨서 한 물음이었다. 백어는 다음과 같이 답한다.

"그런 적이 없습니다. 아버지(공자)와 우연히 마주쳤을 때 아버지께서 '시경을 배웠느냐?'고 물으셔서 제가 '배우지 못했다'고 대답하니, '시경을 배우지 않으면 더불어 대화할 수 없다'고 하셔서 그때부터 시경을 공부했습니다. 또한 어느 날 아버지가 '예기를 공부했느냐?'고 물으시기에 '아직 배우지 못했다'고 말씀 드리니 '예기를 배우지 않으면 제대로 설 수 없다'고 하시기에 물러 나와 예기를 공부했습니다. 이게 제가 아버지께 배운 전부입니다."

공자는 아들에게 공부하는 큰 방향만 일러주었을 뿐 그 어떤 공부도 직접 가르치지 않았다. 공자와 같이 훌륭한 스승이 왜 자식 교육을 직접 하지 않았을까? 그에 대한 답이 「맹자」에 나온다.

제자인 공손추가 물었다.

"왜 군자는 자식을 직접 가르치지 않습니까?"

맹자가 대답했다.

"현실 상황이 그렇게 할 수밖에 없기 때문이다. 가르치는 사람은 반드시 올바른 도리로 가르치려고 하는데, 올바른 도리로써 가르쳤는데 자식이 그 가르침을 행하지 않으면 이어서 화를 내게 되고, 화를 내고 나면 자식은 마음이 좋지 않게 된다. 마음이 나빠진 자식은 '가르치는 분은 나를 올바른 도리로 가르치려고 하지만 정작 가르치는 분이 한 행동은 올바른 도리에서 나오지 않았다'고 생각한다. 그리되면 부모와 자식이 서로 마음이 상하게 되는 결과를 초래한다. 부모와 자식이 서로 마음이 상하면 좋지 않다. 그러므로 옛날에는 서로 자식을 바꾸어서 가르쳤다. 부자 사이에는 선을 행하라고 질책해서는 안 된다. 부자끼리 선을 행하라고 질책하면 사이가 멀어지게 되는데 부자 사이가 멀어지는 것보다 더 나쁜 일은 없다."

— 「맹자」

부모는 자식에게 올바른 길을 알려준다. 자식이 부모 말을 듣고 곧

바로 실천을 하면 좋겠지만 쉽게 하지 못한다. 몇 번은 잘 타이르고 올바른 길을 다시 알려주겠지만 여전히 자식은 부모가 기대하는 바에 못미친다. 당연히 부모는 실망하게 되고 책망을 한다. 책망을 하면 아이는 기분이 나쁘다. 원망하는 마음이 생긴다. 무엇보다 부모가 올바른 도덕과 바른 실천을 강조해 놓고는 자신에게 화를 내고, 책망하는 모습은 올바른 도덕도 바른 실천도 아님을 확인하고는 크게 실망한다. 또한 아이는 부모가 살아가는 모습이 부모가 내리는 가르침과 일치되지 않는다는 사실을 일상생활 속에서 누누이 접한다. 부모도 제대로 실천하지 못하면서 자신에게만 실천하라고 요구하니 더욱 삐뚤어지는 마음이 생긴다.

실망과 책망이 쌓이면 자식은 원망이 늘고, 원망이 늘면 점점 부모 말을 따르지 않게 된다. 부모는 더 화를 내고, 화를 내는 부모를 접한 자식은 부모가 평소 가르침대로 행동하지 않음을 확인하고는 더 크게 실망하고, 더 크게 엇나간다. 악순환이다. 맹자는 이 악순환이 부모가 직접 자식을 가르치려는 좋은 의도에서 생겨났다고 보았다. 좋은 의도가 그릇된 결과를 불러온다. 그래서 공자는 자식 교육을 직접 하지 않았으며, 맹자는 군자 집안에서는 자식 교육은 스승에게 맡긴다고 했다.

부모가 매를 드는 행위도 맹자가 제시한 논리로 판단이 가능하다. 매를 들면 자식이 부모를 원망하는 마음만 키운다. 바른 예절과 도덕을 보여줌으로써 부족한 사람들을 가르치라는 유교 원리에도 매는 어긋난다.

> 백성들을 정치로 인도하고 형벌로 다스리면 백성들은 형벌을 면하고도 부끄러워함이 없다. 그러나 덕으로 인도하고 예로 다스리면 백성들은 부끄러워할 줄도 알고, 잘못도 바로 잡는다.
>
> — 「논어」

공자는 백성들을 형벌로 처벌하면 부끄러움이 없다고 했다. 부끄러워할 줄 알아야 다시는 잘못을 하지 않는데 형벌은 단지 두려움만 안길 뿐이다. 자식도 마찬가지다. 자식이 잘못했을 때 매를 들면 매가 두려워 행동을 수정하기는 하겠지만, 이는 잘못이 부끄러워 행동을 바르게 하는 것과는 완전히 다르다. 그래서 공자는 형벌이 아니라 덕으로 인도하고, 예로 가르쳐서 부끄러움을 알게 해야 한다고 주장했다. 매를 부정하는 논리다.

공자는 배움을 강조했다. 「논어」 첫 문장은 공자 사상을 잘 보여준다.

> 배우고 때로 익히니 즐겁지 아니한가?
>
> — 「논어」

공자는 배우고 익힘을 으뜸으로 여겼다. 스스로도 배우고 익힘을 가장 즐거워했다. 자녀를 바른 길로 가게 하려면 끝없이 배우게 하고, 익히게 해야 한다. 배움과 익힘을 통해 자신을 수양하게 해야 한다. 매라는 형벌이 아니라 인격도야(人格陶冶)가 자식을 올바른 길로 가게 한다.

유교라고 하면 자식 교육을 위해 드는 매를 당연하다고 여겼으리라는 통념과 달리, 유교 원리에 따르면 매는 정당한 위치를 차지하지 못한다. 그럼에도 전통 유교에서 매가 손쉽게 허용되었던 까닭은 바로 다음과 같은 논리 때문이다.

> 사람들은 자신이 부모에게서 생겨났으므로 부모가 아니면 이 몸이 없었다는 사실을 도무지 알지 못한다. 몸은 내 것이 아니라 부모 것이다. 물건을 물려주어도 고마워할 줄 아는데 하물며 몸을 물려주었으니 어떻겠는가? 정성을 다하고 목숨을 다 바쳐도 부모가 주신 은혜를 갚기에 모자라다.
>
> ─「효경(孝經)」

현대인에게 '내 몸은 누구 것이냐?'고 물으면 잠시도 머뭇거리지 않고 '내 것'이라고 말한다. 내 몸은 내 것이며, 내 몸에 대한 결정권은 자신에게 있다. 신체결정권이야말로 자유권을 이루는 밑바탕이다. 내 몸은 내 것이기에, 내 의지에 반해서 다른 사람이 내 신체에 해를 가하면 안 된다. 따라서 내 몸이 온전히 내 것이라면 매는 부정된다.

하느님을 믿는 그리스도교인은 하느님이 벌을 주시든, 상을 주시든 순종함을 최고 미덕으로 삼는다. 믿음이란 하느님이 내게 주시는 모든 은혜와 시련을 온전히 받아들이는 자세다. 은혜는 받고 시련은 거부하면 올바른 믿음이 아니다. 하느님은 내 근원이고 창조주이므로 나는 하느님이 주시는 시련도 그대로 받아들인다. 왜냐하면 내 몸은 내 것이 아니라 하느님 것이며, 하느님이 주시는 것은 시련조차도 내 영혼에 도움을 주기 위한 선한 의지가 담겨 있기 때문이다. 효경에서 내세우는 논리도 이와 다르지 않다.

「효경」은 몸은 내 것이 아니라 부모 소유라고 주장한다. 내 몸이 부모에게서 비롯하였음을 깨닫고, 부모에게 감사하고, 부모님 은혜를 갚으라는 가르침이 효경에 담긴 근본정신이다. 내 몸이 부모 것이므로 부모는 나에게 매를 때려도 된다. 무엇보다 나는 부모에서 비롯하였는데, 부모가 나에게 선한 의지로 나를 올바른 길로 이끌기 위해 매라는 시련을 주신다. 따라서 선한 의지로 매를 주시면 받아들여야 한다는 논리가 성립한다.

유교가 부모를 내 근원이니 존중하라고 가르친다고 해서 부모가 자행하는 부도덕한 가정 폭력까지도 감수해야 한다고 말하지는 않는다. 도리어 유교에서는 부모가 가정 폭력을 행사하면 피하는 것이 올바른 효도라고 한다. 가정 폭력을 행사하는데 그대로 맞으면 몸이 다치게 되고, 이는 부모에게 물려받은 몸을 해치는 것이 되므로 효도가 아니다. 또한 부모가 불의를 행하게 내버려 두는 것도 효도가 아니다. 따라서 부모가 가정 폭력을 행사하면 피하는 것이 진정한 효도다.

묵자, 바보야 문제는 사랑이야

배우는 자는 가르치는 자를 보고 배운다. 올바른 법도는 말로 드러나지 않는다. 삶 속에서, 실천 속에서 드러난다. 올바른 교육이란 모름지기 바르게 보는 데서 비롯한다. 바르게 보고, 바르게 본받으면 바른 교육은 저절로 이루어진다.

천하와 나라를 다스릴 때 무엇을 법도로 삼아야 할까? 만약 모든 사람이 부모를 법도로 삼으면 어떻게 될까? 많은 이들이 부모 노릇을 하지만 어진 자는 적다. 따라서 저마다 자기 부모를 본받는다면 어질지 않음을 본받게 되고, 세상이 어질지 못하게 된다.

— 「묵자」

묵자는 천하를 지배하는 법도와 원리를 부모에게서 찾을 수 없다고 보았다. 왜냐하면 대부분 부모는 어질지 못하기 때문이다. 완전한 인격을 이룬 자는 드물기에 대개 부모는 불완전한 인격체다. 따라서 자기 부모를 법도로 삼으면 불완전한 법도를 배우게 되고, 불완전한 법도를 배운 사람들이 대다수가 되면 천하는 어지러워질 수밖에 없다.

이러한 논리를 교육에 그대로 적용하면 부모가 자기 법도로 자식을 교육하면 제대로 교육하지 못한다는 비판이 가능하다. 뒷받침하는 근거는 다르지만 부모가 자식을 직접 가르치면 문제가 많다는 점에서 맹자와 묵자는 같은 주장을 하는 셈이다.

> 만약 모든 사람이 스승을 법도로 삼으면 어떻게 될까? 많은 이들이 스승 노릇을 하지만 어진 자는 적다. 따라서 저마다 자기 스승을 본받는다면 어질지 않음을 본받게 되고, 세상이 어질지 못하게 된다.
>
> ―「묵자」

맹자는 올바른 스승에게 자식 교육을 맡기라고 했지만 묵자는 올바른 스승 구하기가 얼마나 어려운지 강조한다. 이는 오늘날 현실을 봐도 명약관화(明若觀火)하다. 선생님으로 불리는 사람은 널리고 널렸지만 진정한 스승은 많지 않다. 저마다 자신이 모시는 선생을 본받는다면 사람들은 올바르지 못한 법도, 불완전한 진실을 배우게 되어 세상이 바르게 서지 못한다.

부모의 딜레마, 매

나라를 다스리는 법도로는 천도(天道 하늘 법도)가 가장 적합하다. 하늘은 넓고 크며, 하늘이 베푸는 은혜는 두텁다. 하늘은 사심이 없고, 사사로이 자신을 내세우지도 않는다. 하늘이 지닌 밝음은 영원무구하다. 따라서 하늘을 법도로 삼아야 세상이 바르게 선다.

－「묵자」

부모도 아니고 스승도 아니다. 임금도 본받을 만한 기준이 되지 못한다. 제법 인격이 완성되었다는 유명한 사람들도 법도로 삼기에는 모자라다. 제대로 인격을 갖추고, 사람들에게 모범이 될 만한 사람은 극히 드물다. 혹 나타난다 해도 조금만 파고들면 불완전함이 속속 드러난다. 인간은 불완전한 존재고, 그 불완전함을 본받아서는 제대로 된 교육도, 평화도 멀기만 하다.

인간이 본받아야 할 도리는 불완전한 인간이 세운 법도가 아니라 완전무결한 하늘이 세운 법도다. 하늘이 세운 법도를 기준으로 세상을 다스리고, 사람들이 하늘이 세운 법도를 따라 배울 때 세상에 평화가 온다. 자녀를 교육할 때도 인간이 세운 법도로 교육하지 말고 하늘이 세운 법도로 교육해야 한다. 아니 교육한다기보다 자식들이 하늘이 세운 법도를 보고 배우게 해야 한다. 그렇다면 묵자에게 하늘이 세운 법도란 무엇일까?

춘추전국 시대, 묵자라는 위대한 사상가가 살았습니다. 겸애와 반전(反戰), 의로운 정치를 실현하는 기초가 되는 하늘님 뜻을 말했습니다. 묵자는 앉은 자리가 조금도 따뜻해질 새 없이 동분서주하며 자기 이상을 펴려했던 사상가이며 활동가였습니다. 배고픈 자 먹지 못하고, 추운 자 입지 못하고, 일해서 힘든 자 쉬지 못한다며 당시 하층민들이 당하는 고통을 직시하고, 그들을 대변하고, 일하는 자들이 누려야 할 권리와 생활보장에 관심이 많았던 사상가가 바로 묵자입니다.

– 「묵자 : 공자를 딛고 일어선 천민 사상가」(임건순)

묵자 사상을 접하다보면 마치 성경을 보는 듯 하다. 신학자이자 통일운동을 이끄셨던 문익환 목사님은 묵자가 말하는 하늘(天)이 그리스도교 하느님과 동일하다고 보았다.

묵자가 말하는 천도(天道)란 위 글에서 보이듯 배고픈 자 먹게 하고, 추운 자 입게 하고, 힘든 자 쉬게 하는 도리다. 만백성이 생존에 걱정이 없으면서, 여가 생활을 하는 평등한 세상을 만드는 것이 천도다. 이는 예수나 석가모니가 말했던 바와 크게 다르지 않다.

이러한 세상을 만들려면 어떻게 해야 할까? 이러한 세상을 만드는 사람으로 키우려면, 즉 올바로 교육하려면 어떻게 해야 할까?

난(亂)이 어디에서 일어나는지 살펴보면 서로가 사랑하지 않은 데서 일어난다. 신하나 자식이 군주나 부모를 사랑하지 않는 것이 이른바 난(亂)이

　　　　　　　　　　　　　　　　　부모의 딜레마, 매

다. 자식이 자기만 사랑하고 부모를 사랑하지 않으면 부모를 헐어서 제 이득만 취한다. 아우가 자기만 사랑하고 형을 사랑하지 않으면 형을 헐어서 제 이득을 취한다. 신하가 자기만 사랑하고 군주를 사랑하지 않으면 군주를 헐어서 제 이득만 취한다.

부모가 자식에게 자애롭지 않고 형이 아우에게 자애롭지 않으며 군주가 신하에게 자애롭지 않은 것도 난(亂)이다. 부모가 자기만 사랑하고 자식을 사랑하지 않으면 자식을 헐어서 제 이득만 취한다. 형이 자기만 사랑하고 아우를 사랑하지 않으면 아우를 헐어서 제 이득만 취한다. 군주가 자기만 사랑하고 신하를 사랑하지 않으면 신하를 헐어서 제 이득만 취한다. 이런 일은 어떻게 된 걸가? 모두 서로를 사랑하지 않은 까닭이다.

― 「묵자, 공자를 딛고 일어선 천민사상가」(임건순)

여기서 난(亂)은 전쟁과 같은 상황만 말하지 않는다. 사회 갈등, 혼란, 부모 자식 사이에 생기는 불신, 형제 사이에 벌어지는 다툼 등이 모두 난(亂)이다. 묵자는 난이 발생하는 이유를 사랑이 없음에서 찾는다. 사랑이 없어서 혼란이 생긴다. 형제자매, 부모자식, 신하와 임금 사이에도 제 이익만 챙기는 마음 때문에 혼란이 생기고, 갈등이 생긴다. 서로 사랑하면 이 모든 문제가 사라진다. 묵자는 겸애(兼愛), 즉 사랑이 모든 난(亂)을 끝내는 해결책이라고 보았다. 묵자가 말한 천도(天道)란 바로 겸애(兼愛)다.

새 계명을 너희에게 주노니 서로 사랑하라! 내가 너희를 사랑한 것 같이 너희도 서로 사랑하라!

— 「성경」, '요한복음'

서로 사랑하라! 예수가 주신 가르침도 묵자가 말한 주장과 크게 다르지 않다. 물론 깊이 따져보면 다른 면이 드러나겠지만 큰 관점에서 보면 같다.

초기 기독교인들은 예수가 주신 가르침을 실천하기 위해서 공동체를 꾸렸다. 너와 나, 좁은 가족이란 테두리를 벗어나서 완전하게 서로를 사랑하려면 공동체를 꾸리는 방법이 가장 좋기 때문이다. 지금도 공동체를 꾸려서 예수가 주신 가르침을 실천하려는 사람들이 세계 곳곳에 많다. 묵자를 따르는 이들도 강력한 공동체를 꾸려서 서로 아끼고, 사랑하였다. 그들은 가난한 이들을 돌보고, 전쟁을 반대했으며, 백성들이 더 나은 삶을 사는데 헌신했다.

묵자 사상을 교육에 적용하면 '공동체 교육'이 된다. 한 부모가 자식을 가르치는 것은 한계가 있다. 부모는 불완전하기 때문이다. 사사로운 감정에 사로잡혀 자식을 대할 가능성이 높다. 선생은 부모보다는 낫지만 개인이 지닌 한계를 벗어나기 어렵다. 공동체는 다르다. 사랑으로 뭉쳐진 공동체는 천도와 가장 가깝다. 공동체라고 해도 여전히 불완전하나 서로 사랑하고, 아끼고, 보살피기에 자라나는 아이들이 천도를 보고 배우기에 더없이 좋은 환경이다.

부모의 딜레마, 매

좋은 공동체는 가장 좋은 교육 환경이다. 공동체는 한 부모, 한 스승이 지닌 한계를 뛰어넘는 가르침을 준다. 공동체는 다양한 사람들이 살아 숨 쉬는 공간이므로 다양성을 습득할 기회를 제공한다. 다양한 인격, 다양한 관계, 다양한 지식, 다양한 놀이, 다양한 기술을 배울 기회를 열어준다. 공동체는 사랑과 헌신, 나눔이 깃든 삶을 살기에 따로 가르치지 않아도 사랑과 헌신, 나눔을 보고 배운다.

공동체에서 크는 아이들에게는 매를 들 일이 거의 생기지 않는다. 공동체에 속하면서 자연스럽게 살아가고, 삶과 배움이 괴리되지 않기에 저항심이 적다. 그럼에도 만약 매를 들어야할 만큼 삐뚤어진 아이가 나타나면 묵자는 어떻게 했을까?

매를 들었을 가능성과 매를 들지 않았을 가능성이 모두 있다. 묵자는 반전평화주의자다. 전쟁을 반대하고 평화를 옹호했으므로 매를 반대했을 가능성이 높다. 사랑으로 사람을 대하라는 가르침에 비추어보면 매를 들지 않았을 가능성이 크다. 그러나 묵자 무리는 공동체를 유지하기 위해 강철 같은 규율을 지켰다. 규율을 지키지 못하는 사람은 묵자 무리에 섞이지 못했다. 따라서 공동체 규율을 지키기 위해서라면 묵자가 매에 찬성할 가능성도 있다.

묵자가 매를 찬성할지, 반대할지 명확하게 추론해내기는 어렵지만 하늘 법도를 따르고, 공동체를 이뤄 서로 사랑하라는 가르침에 따를 경우 자녀 교육에서 매가 사용될 가능성은 현저하게 줄어들 것이라는 점은 분명하다.

순자, 굽은 나무는 자로 대고 펴야한다

맹자가 '인간이 착한 성질을 타고났다'는 성선설(性善說)을 주장한 사실은 널리 알려져 있다.

사람에게는 차마 잔인하지 못한 마음이 있다. 한 아이가 우물에 빠지려는 장면을 보았을 때 누구나 다 놀라고 두려움이 생겨 저도 모르게 달려가 아이를 구한다. 아이를 구하는 이유는 그 부모와 교제를 위해서도, 사람들 칭찬을 듣기 위해서도 아니고, 원망하는 소리를 듣기 싫어서도 아니다. 다만 측은한 마음 때문이다. 따라서 사람을 측은하게 여기는 마음(측은지심惻隱之心)이 없으면 사람이 아니요, 부끄러워할 줄 알고 악을 미워하는 마음(수오지심羞惡之心)이 없으면 사람이 아니요, 사양하고 겸손한 마음(사양지심辭讓之心)이 없으면 사람이 아니며, 옳고 그름을 가려내는 마음(시비지심是非

부모의 딜레마, 매

之心)이 없으면 사람이 아니다.

－「맹자」

물에 빠지려는 아이를 구하려는 행동은 이익을 구하려는 마음에서 비롯하지 않는다. 오로지 물에 빠지려는 아이를 불쌍히 여기는 마음에서 솟아난다. 물에 빠지려는 아이를 불쌍히 여기는 마음은 누구나 있다. 그러니 사람은 착한 성질을 타고났다. 아주 단순명쾌한 논리다.

당연히 이에 반대하는 논리도 가능하다. 어린 아이가 자기 물건에 집착하고, 놀랄 정도로 잔인하게 행동하고, 많은 사람들이 자기 이익을 앞세우는 행태는 맹자가 말한 성선설을 반박하는 그럴듯한 근거들이다. 그러나 맹자는 인간성이 다 착하기만 하다고는 하지 않았다. 인간 안에 착한 심성이 밑뿌리에 자리 잡고 있음을 주장했을 뿐이다. 따라서 인간의 이기심과 탐욕이 넘쳐난다는 근거를 수없이 댄다고 해서 맹자가 말한 성선설이 부정되지는 않는다.

> 사람이 자신에게 있는 사단(四端 : 측은지심, 수오지심, 사양지심, 시비지심)을 키워나갈 줄 알면 불이 타서 번지고, 샘이 솟아나듯 흘러나가듯 한다. 사단을 잘 키우면 세상을 편안하게 할 수 있으며, 사단을 제대로 키우지 못하면 부모도 제대로 섬기지 못한다.
>
> －「맹자」

맹자가 말한 성선설을 '인간은 착하니 착한 본성을 그대로 두면 착한 인간이 된다'는 식으로 해석하는 경우도 있는데 이는 잘못이다. 사단(四端)은 씨앗과 비슷하다. 씨앗은 가능성을 품은 존재다. 가능성이 있다고 모든 씨앗이 생명이 되지는 않는다. 적절한 물과 흙과 거름과 햇빛을 받아야 씨앗은 한 생명으로 자라난다. 씨앗이 곧 생명은 아니다. 씨앗은 어디까지나 가능성일 뿐이다.

인간이 지닌 사단(四端)도 가능성이다. 인간 내면에 자리 잡은 사단이라는 씨앗을 생명, 즉 올바른 인간인 성인군자로 키워내려면 다양한 노력이 필요하다. 옆에서 물도 주고, 햇빛도 줘야 하며, 좋은 거름도 줘야한다. 씨앗 스스로도 자라려고 애써야 한다. 잘 키워주고, 스스로 크려고 노력하면 사단(四端)은 불이 번지듯, 샘이 솟아나듯 자연스럽게 커져 성인군자로 자라난다. 맹자가 말한 성선설은 바른 교육과 자아실현을 위해 부단히 노력하는 자세가 얼마나 중요한지 강조하는 사상이다.

맹자가 '성선설(性善說)'을 근본에 두고 사상을 전개하는데 반해, 순자는 '성악설(性惡說)'을 근거로 하여 사상을 전개한다.

인간은 태어날 때부터 이익을 좇는 품성을 지녔다. 사람은 이익을 좇는 품성 때문에 서로 빼앗고, 양보하지 않는다. 질투와 증오를 품고 태어나기에 내버려두면 남을 해치고, 진심과 신의가 사라진다. 좋은 소리와 아름다운 빛을 좋아하는 욕구로 인해 음란하게 행동하고, 예의와 문화가 사라진다. 따라서 인간 본성을 그대로 따르면 반드시 다툼이 생기고, 탐욕으로 세상

부모의 딜레마, 매

이 혼란해진다.

- 「순자」

순자가 한 말은 일상에서 우리가 겪는 경험과 딱 맞아떨어져 보인다. 가만히 내버려두면 이익을 얻는 쪽으로 선택하고, 많이 가진 사람을 질투하고, 본능에 따라 음란함을 따른다. 인간 사회를 가득 채운 탐욕, 이기심, 질투, 다툼, 문란한 문화 등을 떠올리면 순자 주장이 지극히 타당해 보인다.

인간은 배고프면 배불리 먹고 싶고, 추우면 따뜻하고 싶고, 힘들면 쉬고 싶다. 이것이 인간이 지닌 당연한 본성이다. 그런데 사람이 배고프더라도 나이 많은 사람에게 먼저 음식을 대접하고, 자신이 추워도 어린 아이를 먼저 따뜻하게 하고, 쉬고 싶어도 부모나 형제가 고생하지 않게 일하는 것은 예의와 문화를 배웠기 때문이다. 본성은 이기심에 따르라 하지만, 사양하는 행동을 하는 이유는 오직 예의와 문화를 배웠기 때문이다.

- 「순자」

맹자는 남을 불쌍히 여기고, 사양하는 마음이 본성에서 비롯한다고 하였으나, 순자는 남에게 양보하는 행동이 본성을 극복하는 예의와 문화를 가르쳤기 때문이라고 보았다. 맹자 관점에서 보면 한 아이를 잘 키우기 위해서는 주변에서 씨앗이 잘 자라길 바라면서 물과 바람과 햇빛과 땅을 제대로 가꿔주기만 하면 된다. 칭찬하고, 격려하고, 좋은 환경을 제공해주면 아이는 바람직하게 자라난다.

순자가 보기에 이는 그릇된 환상이다. 아이는 이기심에 물든 존재다. 자기만 좋길 바라는 아이가 제대로 된 인성을 갖춘 성인으로 자라도록 하려면 예의와 문화로 가르쳐야지 그대로 내버려 두면 안 된다. 따라서 격려와 칭찬이 아니라 훈육과 따끔한 가르침이 먼저다. 세상을 살아가는데 필요한 예의와 문화를 제대로 가르쳐 사회에 따르도록 해야 한다. 순자에게 사회화란 자연스러운 과정이 아니라 동물에서 인간으로 만드는 강제 교육이다. 강제 수단이 필수인 순자 관점에서 보면 격려와 칭찬이 아니라 훈계와 처벌이 훨씬 중요한 교육 수단이다.

굽은 나무는 곧은 자를 대고 불로 펴야 곧아지고, 무딘 쇠는 숫돌에 갈아야 비로소 날카로워진다. 인간 본성은 악하므로 스승에게 올바른 도리를 배워야 바른 인간이 되고, 예의를 세워야 다스려진다.

- 「순자」

굽은 나무는 곧게 펴기 위해 자로 대고 불로 펴야 한다. 무딘 쇠는 숫돌에 갈아야 비로소 날카로워진다. 예의와 법도는 인간 본성에 어긋난다. 그러나 세상을 살아가려면 예의와 법도가 필요하다. 예의와 법도가 없으면 세상은 혼란해 빠지고, 불행한 세상이 된다. 그래서 강제력을 동원해 예의와 법도를 가르쳐야 한다.

부모의 딜레마. 매

순자가 말한 견해는 장자가 제시한 주장과는 정반대다. 장자는 굽은 나무는 굽은 대로 두라고 한다. 그게 본성이기 때문이다. 장자는 억지로 예의를 가르치고, 법도를 따르게 하는 것은 인간 본성을 가로막는 짓이며, 그러한 억지스러움이 인간을 불행하게 한다고 본다.

맹자는 예의와 법도가 필요함을 인정하나, 예의와 법도는 인간 본성을 거스르는 것이 아니라 인간 본성이 발현된 것이라고 본다. 예의와 법도를 따르려는 마음이 본성에 자리하고 있으니 예의와 법도를 억지로 가르칠 필요가 없다. 자연스럽게 배우고 익히도록 격려하고 이끌어주기만 하면 씨앗이 자라나듯 예의와 법도가 커나간다.

이렇게 세 가지 사상을 견줘보면 매를 대하는 차이도 뚜렷하게 드러난다. 장자는 매를 반대한다. 매는 굽은 나무를 곱게 펴는 행위일 뿐이다. 억지로 아이를 예의와 법도에 꿰어 맞추려는 시도이므로 장자는 매를 좋지 않게 본다. 맹자는 예의와 법도는 자연스러운 본성 발현되는 것이므로 매가 그리 필요하지는 않다. 아이가 잘못된 길로 빠질 경우 최소한도 내에서 매를 인정한다. 반면에 순자에게 매는 필수다. 본성에 어긋나는 가르침은 잘 습득이 되지 않는다. 당연히 매라는 강제력도 써야 한다.

한비자, 잘못을 했으면 벌을 받아야지

한비자는 순자에게서 배웠으나 순자에 머물지 않고 더 나아간다. 순자는 예의를 세워 세상을 바로 잡으려 하였으나, 한비자는 강력한 법을 세워 천하를 다스리려 했다. 예의는 다만 지켜질 따름이나 법은 예의와 다르다. 예의를 어기면 비난을 받지만, 예의를 어겼다고 해서 벌을 받지는 않는다. 법은 다르다. 법은 상과 벌이 뚜렷하다. 공을 세우면 이익을 얻고, 잘못을 하면 벌을 받는다. 예의를 어겼을 때는 주위 시선이나 평판만 나빠지지만, 법을 어기면 자신이 지닌 재산을 잃거나 심지어 목숨까지 빼앗긴다. 법은 예의보다 훨씬 가혹하며 차갑다. 한비자가 차갑고 매서운 법을 통해 사람들을 다스리려고 하는 이유는 사람 본성이 나쁘다고 보았기 때문이다.

마부가 말을 사랑하는 것은 말을 부려먹기 위해서고, 왕이 신하를 아끼는 것은 전쟁으로 내몰기 위해서고, 의사가 환자를 치료하는 것은 부귀를 얻기 위해서다. 관을 만드는 사람은 사람들이 일찍 죽기를 바라고, 수레를 만드는 사람은 사람들이 부자가 되어 수레를 많이 사기를 바란다.

– 「한비자」

묵자는 보편 사랑, 즉 겸애(兼愛)를 강조한다. 공자는 인(仁)을 중요하게 여긴다. 한비자는 이러한 주장에 코웃음을 쳤다. 사랑이나 인이 겉으로 보기엔 숭고한 듯 보이지만 속으로는 다 이익을 취하기 위한 행동일 뿐이라고 보았다.

백화점 종업원이 손님을 보고 환하게 웃는 까닭은 손님을 좋아하고 사랑하기 때문이 아니라, 그 손님이 백화점에서 물건을 많이 사게 만들려는 의도 때문이다. 더 정확하게 말하면 그렇게 웃으면서 물건을 팔지 않으면 직장을 잃기 때문이다. 백화점 종업원이 짓는 웃음과 친절은 자기 직장을 잃지 않으려는 계산에 따른 것이지 사랑이나 인(仁) 따위와는 아무런 관련이 없다.

한비자가 보는 세상은 제 이득을 얻으려고 계산하는 사람들로 가득하다. 한비자가 말하는 세계관은 낯설지 않다. 아담 스미스가 쓴 「국부론」은 자본주의를 잉태한 이론인데 거기에 실린 핵심 논리가 바로 한비자가 말한 세계관과 똑같다.

우리가 저녁을 기대할 수 있는 것은 정육점 주인이나 양조장 주인이나 빵집 주인이 베푸는 자비에 의해서가 아니라 자기 이익에 대해 그들이 보이는 관심 때문이다. 우리는 그들이 지닌 인간성에 호소하지 않고 그들의 이기심에 호소하며, 그들에게 우리의 필요를 이야기하지 않고 그들에게 돌아갈 이익을 이야기한다.

- 「국부론」(애덤 스미스)

빵집 주인이 빵을 만드는 이유는 배고픈 사람들을 먹여 살리고 싶은 숭고한 도덕심 때문이 아니다. 그저 돈이 필요하기 때문이다. 그러니 빵을 먹고 싶다면 도덕심을 가르치지 말고 빵을 만들면 얼마나 이익이 되는지를 알려주어야 한다. 이것이 자본주의 경제 사상을 떠받치는 알맹이다. 이기심이 가득한 인간 행동이 어떻게 남을 위하는 결과를 낳는지 밝힌 책이 바로 「국부론」이다.

한비자도 마찬가지다. 예의가 바로 서고, 올바르게 살게 만들려면 도덕 교육이 아니라, 이익을 보여주어야 한다. 법을 지키며 올바르게 살면 상을 받지만, 법을 어길 경우 손해를 볼 것이라는 사실을 보여주면 사람들은 법을 따르게 된다. 법이 옳아서가 아니다. 법을 지키지 않으면 자신에게 돌아오는 손해가 두렵고, 법을 지키면 얻는 이익이 크기 때문이다. 아담 스미스도, 한비자도 사람들 속마음에 도덕성이 있는지 없는지는 중요하게 여기지 않았다. 알맹이는 결과다. 이기심에서 출발하지만 사회는 더없이 체계가 잡히고, 경제는 활성화된다. 그러면 넉넉

부모의 딜레마, 매

하지 않은가?

부모는 모든 자식을 공평하게 대하지 않는다. 더 사랑하는 자식이 있고 덜 사랑하는 자식이 있다. 아들이 태어나면 기뻐하지만 딸이 태어나면 싫어하고, 심지어 죽이려는 부모도 있다. 한 부모에서 태어났는데 왜 이렇게 사랑하는 정도도 다르고, 심지어 죽이려고까지 하는가? 그것은 부모가 자기 이익을 따졌기 때문이다. 부모조차 아들이냐 딸이냐에 따라 이해득실을 따져 차별을 하는 판에 부모 자식 사이에도 못 미치는 다른 관계는 따져 보지 않아도 된다.

— 「한비자」

이 글은 인간관계가 계산으로 맺어진다고 주장하면서 제시한 근거다. 사뭇 정떨어지는 논리이긴 하지만 부모 자식 사이, 가족 사이에도 계산하는 면이 있고, 차별이 존재한다는 사실은 인정할 수밖에 없다.

애정이 많으면 법이 서지 않고, 위엄이 적으면 아래가 위를 범하게 된다. 옛날에는 백성들이 욕심이 없고 순박했기에 인의(仁義)로 다스릴 수 있었지만, 오늘날의 백성들은 약삭빠르고, 제멋대로며, 이기심에 휘둘리기에 말로만 해서는 듣지 않는다. 그렇기에 상을 줘서 나아가게 하고, 벌을 줘서 감히 물러나지 못하게 해야 한다.

— 「한비자」

옛 사람은 순박해서 말로 되었지만 오늘날에는 이기심이 극에 달했기에 사랑이나 예의로만 사람들을 가르치고, 다스리지 못한다. 한비자가 당시 사람들을 이기심이 가득한 사람이라고 평가했지만 현대인들이 지닌 이기심은 그때보다 훨씬 심해졌다. 현대인들이 지닌 이기심을 인정한다면, 한비자 사상을 현대에 그대로 옮겨도 된다. 상을 주어 말을 듣게 하고, 벌을 주어 어기지 못하게 한다. 이것이 사회를 다스리는 기본 원리다.

한비자가 말한 논리를 자녀 교육에 적용하면 단순 명쾌하다. 잘 하면 상을 주고, 못하면 벌을 준다. 공부를 잘하면 맛있는 음식과 원하는 물건을 주고, 공부를 못하면 벌을 주거나 휴대전화를 압수한다. 예의 바르게 행동하고 부모님 말씀을 잘 들으면 게임도 하게 해주고, 좋아하는 연예인 콘서트도 보내준다. 반면에 버릇없고, 부모 지시를 어기면 좋아하는 프로그램을 못 보게 하고, 매를 들어 고통을 안겨준다. 성적이 우수하면 상을 주고, 성적이 좋지 않으면 무시한다. 모범생들에겐 우등상을 주고, 열등생들에게는 매를 댄다. 두발과 복장을 단속하여 잘 따르면 상을 주고, 어기면 벌점을 주어 상급학교 진학에 불이익을 준다.

우리나라 학교나 가정에서 폭넓게 적용되는 교육 원리는 거의 완벽하게 한비자 사상에 부합한다. 도덕심이 아니라 이기심에 주목하고, 사랑과 예절이 옳아서 실천하는 게 아니라 계산 결과에 따라 행동하게 만드는 것! 그것이 현대 대한민국 교육을 지배하는 원리다.

한비자에게 매에 대해 묻는다면 머뭇거리지 않고 곧바로 '매는 반드시 필요하다'고 할 것이다. 한비자에게 매는 '사랑의 매' 따위로 포장할 필요가 없다. 올바른 인생관을 심어주기 위한 매도 아니다. 한비자에게 매는 '매 맞기 싫으면 규칙을 어기지 마!'라는 두려운 대상일 뿐이다. 잘못을 한 대가로 당하는 '처절한 응징'이다. 응징이 두렵다면, 두려움이 싫다면 착하게 살아라! 이것이 한비자가 말하는 매에 담긴 의미다.

세상이 달라지면 대비책도 달라져야 한다.

－「한비자」

송나라에 한 농부가 밭에 나가서 일을 하다 나무 옆에서 가만히 쉬고 있었다. 그때 한 마리 토끼가 뛰어오더니 나무를 세게 받고 죽었다. 농부는 웬 횡재냐며 기뻐하였다. 자신이 농사를 짓느라 하루 종일 고생해도 토끼 한 마리 값도 벌기 어려운데 가만히 누워 있기만 해도 토끼가 와서 부딪쳐 죽으니 이보다 좋은 돈 벌이는 없다고 판단했다. 그 뒤로 농부는 일은 안하고 나무 옆에서 기다리며 토끼가 와서 죽기를 바랐다. 당연히 토끼가 와서 부딪치는 일은 없었고, 세상 사람들은 농부를 비웃었다.

위 이야기는 '수주대토(守株待兔)'라는 우화로 한비자가 공자, 묵자, 장자를 토끼를 기다리는 어리석은 농부와 같다며 비판한 이야기다. 한비자는 공자, 묵자, 장자가 말한 주장이 옛날 순박하던 사람들이 살던 시대에나 어울리던 방법이라고 판단했다. 토끼가 우연히 죽은 사건을 필연인 사건으로 판단해 어리석은 선택을 한 농부가 돼서는 안 된다는 주장이다.

세상이 달라지면 대비책도 달라져야 한다. 한비자가 말한 논리는 아주 타당하다. 그리고 이 주장은 현재 대한민국 교육 현실을 비판할 때 그대로 적용 가능하다. 21세기 대한민국 아이들에게, 정보통신이 발전하고 민주주의와 세계화가 빠르게 진척되는 이때에, 과학과 인문학을 융합해야 하는 이 시대에, 자발성과 창의성이 지닌 가치가 높이 평가받는 시대에, 과연 한비자 철학을 바탕으로 한 교육은 적절할까? 어쩌면 지금 시대는 한비자 철학이야말로 한비자가 비판했던 수주대토(守株待兎) 우화와 같은 꼴이 아닐까?

이이, 물이 넘쳐흐를 때까지 가르쳐라

「성학집요聖學輯要」는 조선 중기 학자 율곡 이이가 왕이 지켜야 할 도리와 통치 원리 등을 담아 1575년에 선조에게 바친 책이다. 「성학집요」에서 교자(敎子) 편은 자식을 가르치는 방법을 담았는데, 주로 왕을 이어받을 세자 교육법을 따른다.

> 부부 사이에 예(禮)가 바르면 가르치는 법도를 적용할 수 있다. 그러므로 자식 교육이 그 다음이다.
>
> — 「성학집요」(율곡 이이/김태완 옮김)

이이는 자식을 가르치기에 앞서 실천하라고 강조했다. 부모가 올바른 삶을 사는 게 우선이며 그다음이 자식 교육이다. 자기 삶보다 자녀

교육에 더 많은 에너지를 쏟는 부모들, 자기는 그리 살지 못하면서 자녀는 그리 살라고 요구하는 부모들이 새겨들어야 할 말이다.

이 가르침에 따르면 만약 부모가 자녀를 훈계하고 매를 든다고 할 때, 그에 앞서 부모가 과연 올바른 법도로 사는지부터 점검해야 한다. 법도를 세우려면 법도를 세우려는 사람이 올바르게 살아야 한다. 올바르지 못한 사람이 강요하는 잣대는 반항심만 불러일으킨다.

> 옛날에는 부인이 임신을 하면 옆으로 누워서 자지 않으며, 비스듬히 서지 않고, 맛이 이상하면 먹지 않으며, 반듯하지 않은 음식은 먹지 않고, 바르지 않으면 앉지 않았다.
>
> — 「성학집요」(율곡 이이/김태완 옮김)

태교 원리를 담은 글이다. 옛 선인들은 잉태(임신)와 태교를 자녀를 가르치는 출발점으로 보았다. 잉태를 위해 건강한 몸과 마음을 갖추고, 임신을 한 뒤에는 바르게 먹고, 행동하고, 생각하려 애썼다. 태교를 하는 원리도 자녀를 가르치는 원리와 동일하다. 바로 부모 '먼저' 실천이다. 아이가 건강하게 자라라고, 품성 바른 아이가 돼서 태어나라고 '요구'하지 않고, 부모 된 자는 그저 자신이 바른 부모가 되기 위해 애를 쓸 뿐이다. 태교가 이러해야 한다면 태어난 뒤 교육은 더 말할 필요가 없다.

> 사람이 어려서는 지각과 사고에 아직 주관이 없기 때문에 날마다 격언과

지당한 의론을 말해주어야 한다. 비록 깨닫지 못하더라도 마땅히 감화하고 타일러서 귀에 가득 차고, 몸에 가득 차도록 하여 오래되면 저절로 편안히 익혀서 본래 지닌 것처럼 된다. 이런 경지에 이르면 비록 다른 말로 현혹시킨다 하더라도 그 말이 귀에 들어가지 않을 것이다. 만약에 미리 가르치지 않고 좀 자란 뒤에 가르치려 하면 개인 의지와 치우친 기호가 마음속에 생겨나고 뭇 사람이 떠드는 말이 밖에서 좀먹어 들어오기에, 순수하고 완전하게 되려고 해도 그리 되지 못한다.

— 「성학집요」(율곡 이이/김태완 옮김)

이 글에서는 자녀 교육에서 꼭 있어야 할 요소를 두 가지로 보았다. 첫째, 판단력이 부족한 어린 시절에는 날마다 올바른 길을 가르쳐 주어야 한다. 날마다 올바른 길을 가르치면 비록 그 순간에는 깨닫지 못해도 오래되면 물이 넘치듯 자연스럽게 습성이 된다. 둘째, 가르침에는 적절한 때가 있다. 자란 뒤에 가르치려 들면 자기 의지와 치우침이 생기기 때문에 제대로 가르치지 못한다. 모든 교육은 때맞춰 해야 효과를 발휘한다.

양육은 조용히 열어주고 이끌어서 본성이 지닌 선을 길러 스스로 깨닫도록 하는 것이다. 살피고 보여주는 것은 자신이 덕을 닦음으로써 그에게 보이는 것이다. 자세히 깨우친다는 것은 뜻을 설명함으로써 깨닫게 함이다.

— 「성학집요」(율곡 이이/김태완 옮김)

성선설에 뿌리를 둔 맹자 교육 원리와 동일하다. 이이가 성리학자이니 맹자 사상과 동일한 원리일 수밖에 없다. 양육을 할 때는 억지로 하지 말고 조용히 길을 열어주고, 이끌어 주어 본인이 지닌 선함이 발현되도록 하라는 가르침이다. 그런데 이러한 방법이 멋지기는 하지만 안타깝게도 이상은 이상에 머무는 경우가 많다. 자식은 내 뜻대로 되지 않기에 꼭 문제가 생긴다. 자녀 교육을 바르게 하려고 애썼는데 아이가 그릇된 방향으로 나가면 어떻게 해야 할까? 그때도 삶으로 보여주고, 물이 넘칠 때까지 설명해 주어야 할까?

교자(敎子)편에는 그 답이 없다. 나이 들어 교육하면 제대로 잘 안 된다는 설명이 전부다. 그릇된 길로 가는 자식을 어떻게 대해야 하는지는 백성을 다스리는 방법을 다룬 안민(安民)편을 통해 유추할 수밖에 없다.

> 성인은 선한 것은 오랫동안 좋게 평가하고 악한 것은 짧은 시간 동안에만 미워하였다. 모르고 저지른 죄는 비록 크더라도 반드시 용서해주고, 고의로 저지른 죄는 작더라도 반드시 처벌하였다. 어떻게 죄를 적용해야 할지 의심스러우면 가볍게 처리하였고, 상을 줄 때는 되도록 무거운 쪽으로 주었다. 성인이 세운 법은 한계가 있으나, 성인이 지닌 마음은 끝이 없기 때문에 형벌을 적용하고 상을 줄 때, 혹시 의심스러우면 항상 법을 굽히고 은혜를 펴서 법을 지키려는 의지가 살리기 좋아하는 덕을 능가하지 못하도록 하였다.
>
> ─「성학집요」(율곡 이이/김태완 옮김/청어람미디어)

부모의 딜레마, 매

보통 사람들은 고마움은 짧고, 미움은 길다. 반면에 성인은 고마움은 길고 미움은 짧다. 자식이 잘못하면 짧게 야단치고, 자식이 잘하면 크고 길게 칭찬을 한다. 잘못을 나무랄 때 보통 사람들은 잘못하는 크기에 비례해 나무란다. 큰 잘못을 하면 크게 나무라고, 작게 잘못하면 작게 나무란다. 반면에 성인은 잘못이 얼마나 큰지와 상관없이 고의로 잘못하면 크게 나무라고, 실수로 잘못하면 작게 나무란다. 자식이 저지른 잘못이 아무리 크더라도 실수라면 너그러이 용서하거나 작게 야단치고, 아무리 작은 실수라도 고의로 저질렀다면 크게 야단을 친다.

보통 사람들은 죄가 의심스러우면 없는 증거까지 갖다 붙여 가며 의심하는 정도를 키운다. 그래서 손쉽게 여론재판을 벌여 죄 없는 사람을 죄인으로 만들고, 죄가 적은 사람을 중죄인으로 만든다. 반면에 성인은 확실하지 않으면 죄를 작게 본다. 확실한 잘못만 처벌하고, 짐작으로 벌하지 않는다. 많은 부모들이 확실하지도 않은 증거를 바탕으로 아이를 다그치고, 야단을 치지만 성인은 확실하지 않다면 되도록 잘못을 작게 여긴다.

성인은 법보다 덕을 중요하게 여긴다. 한비자와 다른 태도다. 한비자에게 마음 속 도덕은 의미가 없다. 결과만 좋으면 된다. 그러나 성인은 법이 무서워 따르게 만들기보다 도덕심에 따라 행동하게 한다. 자녀가 처벌이 무서워 규칙과 예의를 지키게 만들기보다, 스스로 필요와 도덕적 깨달음으로 규칙과 예의를 지키게 한다. 한비자 교육은 억지지만, 성인이 하는 교육은 자연스런 선택이다.

따라서 매란 이이가 말하는 성인 교육에서는 바람직하지 않으며, 있더라도 최소한도로만 허용된다고 봐야 한다. 매는 가혹한 처벌이다. 잘못을 했더라도 실수거나, 명확하지 않은 잘못이라면 매를 들지 않아야 한다. 고의로 한 잘못을 처벌하더라도 매가 도덕심 위에 서지 못하도록 해야 한다.

부모의 딜레마, 매

성경, 사랑한다면 매를 들어라

「성경」의 '잠언'을 보면 매에 관한 가르침이 여럿 나온다. 잠언은 현명한 왕으로 유명한 솔로몬이 '지혜와 훈계를 알게 하고 하느님 말씀을 깨닫게 하려고 쓴 글'이다. 잠언은 '지혜롭게, 의롭게, 공평하게, 강하게, 정직하게 행할 일에 대하여 훈계'를 하여 '어리석은 자를 슬기롭게' 하며, '젊은이에게 지식과 근신함'을 주기 위한 글이다.「성경」의 잠언은 한결같이 매가 필요함을 강조한다.

매를 아끼는 것은 자식을 사랑하지 않는 것이다. 자식을 사랑하는 사람은 훈계를 게을리 하지 않는다.

— 잠언 13:24

자식이 잘못된 길로 가는데 훈계를 하지 않는 부모는 자식을 사랑하지 않는 부모다. 자식이 올바르게 자라길 바라는 소망은 부모로서 당연하다. '잠언'은 매를 아끼는 사람은 자녀를 사랑하지 않는다고 가르친다. 단호하다.

> 아이 마음에는 미련한 것이 얽혀 있으나, 훈계하는 매가 그것을 멀리 쫓아낸다.
>
> — 잠언 22:15

아이 마음에 어리석음과 미련함이 똬리를 틀고 있다면 훈계하는 매를 들어야 한다. 훈계하는 매를 들지 않으면 아이는 계속 어리석고 미련한 마음을 키워, 마침내 큰 잘못을 저지르고 만다. 악한 마음, 미련한 마음이 더 커지기 전에 훈계하는 매로 쫓아내라고 가르친다.

> 아이 꾸짖는 것을 삼가지 말라. 매질을 한다고 하여서 죽지는 않는다. 그에게 매질을 하는 것이 오히려 목숨을 스올(Hades, 악인이 죽어 형벌을 받는 곳)에서 구하는 일이다.
>
> — 잠언 23:13~14

평범한 부모들은 매질을 하면 아이가 다칠까봐, 몸과 마음에 상처를 입을까 봐 걱정한다. 그런데 '잠언'은 상처 주는 걸 두려워하지 말라고

부모의 딜레마, 매

가르친다. 매질을 통해 주는 상처는 죽을 만큼 큰 상처가 아니며, 무엇보다 악인이 되어 스올에서 형벌을 받지 않게 해주는 매라면 당장에 입는 상처는 아이를 악에서 구하는 고귀한 행위다. 아이를 악에서 구하는 일보다 귀한 보살핌은 없다고 '잠언'은 강조한다.

> 매와 꾸지람은 지혜를 얻게 만들어 주지만 내버려 둔 자식은 그 어머니를 욕되게 한다.
>
> – 잠언 29:15

매를 대지 않으면 아이만 그릇되는 데서 멈추지 않는다. 아이는 나쁜 행동으로 부모를 욕되게 한다. 가족 전체에게 해를 끼친다. 한 아이에게 매를 대는 것을 머뭇거리다 가정 전체가 욕을 먹고, 위험한 상황에 처하게 된다. 그러니 과감하게 매를 들어서, 더 큰 폐해를 막아야한다고 거듭 강조한다.

'잠언'뿐 아니다. '히브리서'도 매를 긍정으로 받아들이라고 가르친다.

> 내 아들아, 주님이 내리시는 징계를 가볍게 여기지 말고, 주님께 꾸지람을 들을 때에 낙심하지 말라. 주님께서는 사랑하는 사람을 징계하고, 받아들이는 아들마다 채찍질하신다.
>
> – 히브리서 12:6

인생에 찾아오는 시련과 고통을 수용하라는 가르침은 성경 곳곳에 있다. 가족을 잃고 끔찍한 병에 걸리는 고통이 찾아와도 하느님을 미워하지 않고 순응하며 받아들인다. 인생에 찾아온 그 어떤 것도 하느님이 내게 선한 의지로 주신 것이라 믿고 받아들이는 태도가 진정한 신앙이라고 성경은 가르친다.

부모가 자식에게 내리는 징계도 마찬가지다. 사랑하지 않는 자식에게는 관심도 없다. 우리 속담에도 '미운 자식 떡 하나 더 준다'는 말이 있다. 떡 하나 더 주면 부모가 자식을 아끼는 듯하지만, 실제로는 떡을 주기보다 따끔하게 잘못을 바로잡는 것이 진정으로 자식을 위하는 길이라는 뜻을 담은 속담이다.

> 무릇 징계는 어떤 것이든지 그 당시에는 즐거움이 아니라 괴로움으로 여겨지지만 나중에는 이것으로 훈련받은 사람들에게 정의의 평화로운 열매를 맺게 합니다.
>
> – 히브리서12:11

징계와 벌은 당시에는 아프다. 서운하다. 매를 내리는 사람도 찜찜하다. 위 글은 매가 당장은 괴롭지만 나중에 훨씬 좋은 결과로 이어짐을 알려준다. 당장 받는 고통과 찜찜함 때문에 매를 들지 않는다면, 이는 장차 아이가 올바르게 자랄 가능성을 포기함과 같다. 나중에 아이도 정의와 평화로운 열매를 맺은 뒤에는 부모가 내린 매에 감사할 테니 당장에 찾아오는 괴로움과 미움에 휘둘리지 말고, 옳음을 적극 가르치라는 뜻이다.

성경이 매를 강조한다고 해서 무조건 매로 자식을 가르치라고만 하지는 않는다. '누가복음' 15장에 실린 되찾은 아들에 대한 비유는 사랑과 믿음과 기다림으로 키우는 아버지의 이야기가 나온다.

어떤 사람에게 아들이 둘 있는데 작은 아들이 아버지에게 말하기를 "아버지, 재산 가운데서 내게 돌아올 몫을 내게 주십시오." 하였다. 그래서 아버지는 살림을 두 아들에게 나누어 주었다. 며칠 뒤에 작은 아들은 제 것을 다 챙겨서 먼 지방으로 가서, 거기서 방탕하게 살면서 재산을 낭비하였다. 그가 모든 것을 탕진했을 때에 그 지방에 크게 흉년이 들어서 그는 아주 궁핍하게 되었다. 그래서 그는 그 지방 주민 가운데 한 사람을 찾아가서 몸을 의탁하였다. 그 사람은 그를 들로 보내서 돼지를 치게 하였다. 그는 돼지가 먹는 쥐엄 열매라도 좀 먹고 배를 채우고 싶은 심정이었으나 그에게 먹을 것을 주는 사람이 없었다. 그때서야 그는 제정신이 들어서 이렇게 말하였다. '내 아버지의 그 많은 품꾼들에게는 먹을 것이 남아도는데 나는 여기서 굶어 죽는구나. 내가 일어나 아버지에게 돌아가서 이렇게 말씀드려야 하겠다. 아버지 내가 하늘과 아버지 앞에 죄를 지었습니다. 나는 더 이상 아버지 아들이라고 불릴 자격이 없으니 나를 품꾼 가운데 하나로 삼아주십시오'

그는 일어나서 아버지에게로 갔다. 그가 아직도 먼 거리에 있는데 아버지가 그를 보고 측은히 여겨서 달려가 목을 껴안고, 입을 맞추었다. 아들이 아버지에게 말하였다. "아버지 내가 하늘과 아버지 앞에 죄를 지었습니다. 이제부터 나는 아버지 아들이라고 불릴 자격이 없습니다."

그러나 아버지는 종들에게 말하였다. "어서, 가장 좋은 옷을 꺼내서, 그에게 입히고 손에 반지를 끼우고 발에 신을 신겨라. 그리고 살진 송아지를 끌어내다가 잡아라. 우리가 먹고 즐기자. 내 아들은 죽었다가 살아났고, 내가 잃었다가 되찾았다." 그래서 그들은 잔치를 벌였다.

아버지가 돌아가시지도 않았는데 미리 유산을 달라니, 이는 아버지를 죽은 사람 취급하는 꼴이다. 불효자도 이런 불효자가 없다. 돌아가시지도 않은 아버지께 유산을 받아서는 놀고먹느라 다 탕진해 버린다. 더 이상 자신을 도와줄 사람이 없는 막다른 골목에 몰려서야 둘째 아들은 잘못을 뉘우치고 아버지에게 돌아간다. 펑펑 눈물을 흘리면서 잘못을 비는데, 의외로 아버지는 아무런 야단도 치지 않는다. 그저 기뻐하며 잔치를 벌인다.

아버지는 둘째 아들이 잘못된 길로 갈 때 말리지 않는다. 매를 들지도 않는다. 부당한 요구임에도, 아버지를 죽은 사람 취급하는 못돼먹은 요구임에도 받아들인다. 말려 봐야 소용이 없으리란 것을 알기 때문이다. 말리면 아버지를 향한 원망만 커지고, 올바른 깨달음을 얻을 가능성도 없기 때문이다. 아들이 내미는 요구가 어떤 결과를 보일지 알면서도 아버지는 묵묵히 들어준다. 그리고 기다린다. 아들이 잘못을 뉘우치

부모의 딜레마, 매

고 돌아오기를 기다린다. 아들이 돌아오자 단 한마디 책망도 없고, 잘잘못을 따지지도 않고 받아들인다. 사랑으로 품어준다.

이게 참 사랑이다. 아들이 돌아왔을 때 아버지는 더는 야단칠 까닭이 없었다. 아들은 자기 잘못을 처절히 깨닫고 다르게 살기로 결심했기 때문이다. 진실로 깨달으면 야단도 매도 필요 없다. 사랑과 믿음, 진실한 기다림이 아들을 올바른 길로 인도했다.

만약 아들이 잘못을 뉘우치지 않고 또다시 아버지에게로 와서 부당한 요구를 했다면 어땠을까? 아마 아버지는 절대 아들이 하는 요구를 들어주지 않았을 것이다. 또다시 부당한 요구를 들어주면 아들을 완전히 망치는 길이요, 집안 전체를 망치는 길이기 때문이다. 그때는 단호하게, 매보다 더한 가르침을 주었을지도 모른다.

죽비, 깨달음을 돕는 소중한 스승

석가모니 제자 가운데 사람을 아흔아홉 명이나 죽인 살인마 앙굴리말라가 있었다. 앙굴리말라는 악독한 짓을 저지르다 석가모니를 만나 그동안 저지른 잘못을 참회하고 출가를 해 석가모니를 따르는 제자가 된다. 앙굴리말라가 석가모니 제자가 되었지만 여전히 사람들은 그를 두려워하였다. 그러나 시간이 지나자 더는 그가 무섭지 않다는 사실을 알게 됐다. 그러자 앙굴리말라에게 친척과 가족이 죽임을 당했던 사람들은 원한을 갚기 위해 앙굴리말라를 공격하기 시작했다. 힘을 쓰면 모두 물리칠 능력이 있음에도 앙굴리말라는 아무런 원망도, 후회도, 미움도, 반항도 없이 조용히 죽는다. 자신이 죽으면서도 보복을 그대로 받아들이고 전혀 저항하지 않는 정신, 그것이 바로 '아힘사'(비폭력주의)다.

간디는 아힘사 정신을 바탕으로 제국주의 영국에 비폭력저항운동

부모의 딜레마, 매

을 벌였다. 영국 군대가 몽둥이를 휘두르고, 총을 쏴도 간디를 따르던 인도인들은 비폭력으로 저항했다. 마틴 루터 킹 목사는 가혹한 인종차별을 없애기 위한 시민운동을 벌이면서도 폭력을 사용하지 않는 운동을 벌인다. KKK단과 같은 백인들이 저지르는 무지막지한 폭력 앞에서도 결코 폭력을 쓰지 않는 비폭력운동으로 맞선다. 티베트 지도자 달라이라마는 폭력으로 빼앗긴 조국 티베트를 되찾는 독립운동을 하면서도 비폭력평화운동을 벌인다. 모두 앙굴리말라가 얻어맞아 죽으면서 지켰던 '아힘사 정신'을 실천하는 사람들이다. 폭력은 폭력으로 이기지 못한다. 폭력은 또 다른 폭력을 불러온다. 증오는 또 다른 증오를 낳고, 미움은 또 다른 미움을 낳을 뿐이다. 폭력에 비폭력으로 맞서는 행위야말로 진정한 용기다. 아힘사 정신은 예수가 펼친 가르침과도 통한다.

> 눈은 눈으로, 이는 이로 갚으라 하였다는 것을 너희가 들었으나 나는 너희에게 이르노니 악한 자를 대적하지 말라. 누구든지 네 오른편 뺨을 치거든 왼편도 돌려 대며, 또 너를 송사하여 속옷을 가지고자 하는 자에게 겉옷까지도 가지게 하며, 또 누구든지 너를 억지로 오리를 가게 하거든 그 사람과 십리를 동행하고, 네게 구하는 자에게 주며, 네게 꾸고자 하는 자에게 거절하지 말라. 또 네 이웃을 사랑하고 네 원수를 미워하라 하였다는 것을 너희가 들었으나, 나는 너희에게 이르노니 너희 원수를 사랑하며 너희를 핍박하는 자를 위하여 기도하라.
>
> — 「성경」 마태복음

원수를 사랑하라는 가르침은, 앙굴리말라가 자기를 원수로 여기는 사람들에게 맞아 죽으면서도 증오하지 않고 죽음을 평온히 받아들인 태도와 동일하다. 우리는 보복을 당하면 보복을 가하려는 습성이 있다. 이에는 이, 눈에는 눈으로 대응하려 한다. 예수와 부처는 그러지 말라고 한다. 오히려 나에게 해를 끼친 사람을 더욱 사랑하라고 한다. 말은 쉽지만 보통 사람들은 꿈도 꾸기 어려운 경지다. 나라를 지키는 특수한 상황을 제외하면 불교는 '비폭력'을 원칙을 한다. 비폭력 원칙은 타 종교에 대한 관용으로 나타난다. 타 종교를 부정하면 다툼이 나고, 폭력이 발생하기 때문이다.

아힘사 정신을 감안할 때 '매'는 불교에선 절대 허용할 수 없는 징벌 수단으로 보인다. 매는 신체에 가하는 폭력이고, 이는 '아힘사' 원칙에 정면으로 배치되기 때문이다. 그런데 불교 수행자들은 '죽비'라 하여 수행자를 '때리는' 도구를 쓴다. 죽비는 대나무로 만드는데 단순하게 말하면 소리가 크게 나는 매다. 수행자들이 딴 짓을 하거나 집중을 하지 못할 때 이끄는 이가 죽비로 내리쳐서 정신을 차리게 돕는다. 죽비가 수행에 도움을 주는 도구이긴 하지만, 어쨌든 사람이 사람에게 신체적 괴롭힘을 주는 물건인데, 이런 물건을 불교 수행 도구로 쓰다니, 언뜻 보면 불교 교리에 어긋나 보인다.

해인총림 방장이 된 성철 스님은 무시로 선방을 드나들었다. 해인사 큰절 법당인 대적광전 동쪽 편에 방장실과 선방이 나란히 있기에 수좌들은 성

부모의 딜레마, 매

철 스님이 갑자기 찾아들지도 몰라 늘 긴장하고 지냈다. 선방에 들이닥칠 때 성철 스님은 늘 죽비를 들고 나타났는데 방에 들어서자마자 상판(윗자리), 하판(아랫자리) 구분할 것 없이 조는 사람 등줄기를 사정없이 내리쳤다.

"졸지 말고 밥값 내놔라 이놈아!"

선방 스님이 졸면서 참선을 않는다면 절에서 공짜로 주는 밥을 먹을 자격이 없다는 꾸짖음이다. 당시 선방에서 수행했던 스님들은 한결같이 "그때는 방장 스님이 그렇게 미울 수가 없었어." 하고 말한다. 그러면서도 항상 "지금 돌이켜보니 그 경책(죽비를 후려치며 꾸중하는 일)이 얼마나 소중한 매질인지…." 하며 말을 잊지 않는다.

– 아비라. http://cafe.naver.com/abira/967. 원택(성철스님 상좌)

성철 스님이 내리는 죽비는 단순한 폭력이 아니다. 성철 스님이 내리는 죽비는 깨달음을 돕는 매였다. 성철 스님이 죽비를 휘둘렀던 행적을 통해 볼 때 불교에서 금지하는 폭력은 단순히 다른 사람 몸에 충격을 가하는 행위를 금지하는 것이 아님이 드러난다.

폭력은 분노와 복수심에 근원을 둔다. 분노와 복수심은 깨달음을 방해하고, 업보를 만든다. 분노와 복수심은 고통을 일으키는 근원이다. 그래서 아힘사는 단순히 겉으로 드러나는 폭력을 반대하는 것이 아니라 '분노와 복수심'을 반대하는 것이다. 원수를 향한 복수심이 아니라 원수까지도 사랑하는 넓은 아량이 바로 아힘사다. 성철 스님은 아무런 미움 없이 죽비를 내리쳤다. 어떤 분노도 원한도 없었다. 오로지 깨달음을 이끌려는 마음으로 내리친 죽비였기에 제자들은 오롯이 성철 스님이 내리는 꾸짖음을 받아들였고, 지금도 그때의 죽비를 고마워하고 그리워한다.

한번은 성철 스님이 젊은 수좌 한 명이 낮잠을 자는 모습을 봤다. 성철 스님은 산으로 포행(산책) 다니며 시간을 보내면 아무 말 않지만 낮잠을 자다가 들키면 용서하지 않는다.

"이놈!"

성철 스님이 들고 다니던 죽비로 사정없이 내리쳤다. 깜빡 낮잠을 즐기다 아닌 밤중에 홍두깨 격으로 느닷없이 기습을 당한 스님에게 다른 방어 수단이 없었다. 성철 스님이 내뿜는 기세로 봐 죽비를 그대로 맞고 있다간 죽을 것 같은 생각이 들게 마련이다. 젊은 스님은 성철 스님이 든 장군죽비를 부러뜨리고는 창문으로 뛰어내려 도망쳤다.

오후 입선시간이 되어 모두들 앉아 참선정진을 하는데, 도망갔던 그 스님도 다시 돌아왔다. 그 스님만 아니라 모두들 "어떤 불호령이 떨어지나" 하는 걱정에 불안했다. 그러나 성철 스님은 스님들이 모두 모인 자리에서 가르침을 주면서도 아무런 말씀이 없으셨다. 지난 일, 이미 가르침을 준 일을 다시 언급하거나 문책하지 않는 성정 탓이다.

— 아비라. http://cafe.naver.com/abira/967. 원택(성철스님 상좌)

부모의 딜레마. 매

죽비는 폭력이 아니다. 죽비는 수행자가 빠지기 쉬운 나태를 경계하는 스승이다. 더 나은 깨달음을 이루는 경지로 나아가는 길을 돕는 동반자다. 죽비로 내리치는 소리는 깨우침을 돕는 소리다. 죽비를 맞을 때 느끼는 고통은 단순한 아픔이 아니라 내 나태함에 대한 통렬한 반성이다.

성철 스님은 분노로, 화로 스님들에게 죽비를 내려치지 않았다. 만약 학교나 집에서 저런 일이 벌어졌다고 가정해 보자. 선생님 매를 피하는 것도 모자라 매를 부러뜨리고 도망간 제자가 있었는데, 저녁 때 선생님이 그 제자를 다시 보면 성철 스님처럼 아무 거리낌 없이 대할 수 있을까? 부모님이 내리시는 매를 맞다가 부러뜨리고 도망간 자식이 있다면 나중에 부모님이 그 일을 아무렇지 않게 마음에 두지 않고 아이를 대할 수 있을까? 성철 스님은 그리했다. 때릴 때는 오직 가르침을 주기 위함이었고, 그 순간이 지나자 아무런 감정이 없었다. 분노도 화도 없었다. 그랬기에 나태를 준엄하게 꾸짖었다면 그걸로 넉넉하다 여겼다.

매에 분노와 증오가 섞이지 않고, 오직 깨달음을 돕는 순수한 도구로 활용될 때 매는 폭력이라는 외피를 벗는다. 만약 부모들이 쓰는 매가 성철 스님이 내리는 매와 같다면, 학교 선생님들이 성철 스님과 같은 마음으로 매를 든다면, 우리 사회에서 매를 둘러싼 논쟁은 벌어지지도 않을 것이고, 매가 정당한지를 두고 고민하지도 않을 것이다.

칸트와 스피노자, 매를 보는 전혀 다른 관점

사육사에게 잘 길들여진 사자가 인간이 시키는 대로 순순히 따른다고 해서 사자가 착해졌다고 판단하지는 않는다. 다만 복종을 잘하는 사자라고만 여긴다. 사람도 마찬가지다. 사람이 겉으로 착하게 행동한다고 해서 올바른 윤리를 실천한다고 하지 않는다. 노예 역시 마찬가지다. 주인이 가하는 매와 처벌이 무서워 주인을 순순히 따랐고, 그 시대가 요구하는 윤리를 지켰다. 노예가 아무리 윤리를 잘 지킨다 해도 노예를 착하다고 할 수 없는 이유는 그 행동에 자발성과 자기 판단이 없기 때문이다. 자율 판단이 없는 예절이나 규범은 옳고 그름과는 아무런 상관이 없다. 자유가 없는 행동은 무심히 부는 바람과 같다. 태풍을 일으켜 사람들에게 피해를 일으킨 강한 바람을 비난하지 않고, 한여름 뜨거움을 식혀주는 시원한 바람을 칭찬하지 않는다.

부모의 딜레마, 매

칸트는 자율 선택, 자유로운 의지가 윤리를 이루는 알맹이로 봤다. 칸트에 따르면 가언명령은 수단으로서 선함이고, 정언명령은 스스로 선함이다. '자유로운 의지'야말로 윤리를 이루는 으뜸이다. '자유로운 의지'란 '의지가 자기 자신에게 법칙이 되는 성질'이다. 의지는 스스로 판단에 따라 확립하고, 그럴 때 옳고 그름이라는 잣대를 대는 대상이 된다.

자유로운 선택이 없다면 윤리는 없다. 그렇다고 자유로운 선택이 있다고 해서 모두 윤리는 아니다. 자유로운 선택은 윤리를 이루는 밑바탕이지 전부가 아니다. 자유로운 선택이 윤리적으로 옳기 위해서는 보편 준칙에 맞는 선택이어야 한다.

> 너는 네 의지에 따른 준칙에 의거하여, 자기 자신을 보편 입법자로서 간주하도록 행동해야 한다.
>
> – 칸트

보통 사람들은 자기 경험과 처지를 기준으로 판단한다. 지난날에 내가 했던 경험에 비추어 좋으면 옳다고 보고, 내가 처한 처지에 비추어 이익이 되면 옳다고 여긴다. 칸트는 그러한 판단 기준으로 선택한다면 옳은 선택이 될 수 없다고 본다. 옳은 선택이 되려면 '보편 규칙'에 비추어 봤을 때도 옳아야 한다. 누구나 그런 선택을 해도 거리낌이 없어야 한다. 보편 규칙에 따른 선한 의지가 동기가 될 때 내 선택은 올바른 윤리가 된다.

보편 입법자로서 선택을 한다고 해도 내 의지에 타율이 개입하면 이는 선이라고 부르기 어렵다. 앞서도 설명했지만 자기 의지를 벗어난 선택은 윤리를 판단하는 대상이 아니기 때문이다. 윤리는 언제나 '자유의지'에 뿌리를 둔다.

칸트가 말한 자유 의지를 기준으로 봤을 때 매는 자율에 따른 선한 의지가 아니다. 완벽한 타율이다. 내 의지와 선택이 보편 규칙에 비추어 타당한지를 스스로 판단하지 않고 다른 사람이 강제로 내리 먹이려고 쓰는 수단이 매다. 그러니 칸트에게 매는 정언명령이 아니라 가언명령이며, 올바른 선으로 평가하기 어렵다. 그러나 칸트 주장은 여러 지점에서 비판을 받는다.

첫째, 타율성이 없는 보편성이 과연 가능하냐는 문제다. 개인이 자율로 보편 의지에 따라 결정한다는 말은 논리는 그럴 듯하지만 현실에서는 불가능하기 때문이다. 왜냐하면 사람의 내면에 깃든 '보편 판단 능력'은 다른 사람들 영향을 받아 형성된 인식이기 때문이다. 보편 판단 능력은 사회 도덕규범을 스스로 내면화한 생각이다. 우리들의 인식 가운데 외부의 개입 없이 완벽하게 자기 힘으로 형성한 자율 의지, 순수한 선한 의지, 자율에 기초한 보편 의지란 거의 없다. 인간은 사회 속에서 존재하고, 사회는 오랜 역사와 문화 속에서 형성된 관습이 가득하다. 한 개인은 사회에 가득한 관습에서 자유롭지 못하며, 관습에서 완벽하게 벗어난 자율 의지란 없다. 따라서 타율성을 강제한다는 점을 근

부모의 딜레마, 매

거로 매를 드는 행위가 올바른 윤리가 아니라고 단정해서는 안 된다.

둘째, 같은 일이라도 사람에 따라 윤리 판단이 달라진다. 예를 들어 매를 때린 사람과 매를 맞는 사람이 있다고 하자. 매를 든 사람이 선한 목적으로 보편 의지로서 매를 들었다면, 매를 드는 행위는 정당하다. 그러나 매를 맞는 사람 처지에서 보면 매는 자기 의지를 바꾸려는 타율이자, 강요이므로 옳지 못하다. 때리는 사람 처지에서 보면 선하고 맞는 사람 처지에서 보면 옳지 않은 딜레마가 생긴다.

이상과 같은 논의를 통해 자유 의지와 보편 의지라는 두 가지 판단 기준으로 옳고 그름을 판단하기는 어렵다는 결론에 이른다. 칸트가 해결하지 못한 문제는 스피노자가 제시한 '기쁨 윤리학', '마주침 윤리학'에서 해결책이 나온다. 특히 처지에 따라 옳고 그름이 달라진다는 딜레마를 없애준다.

인간은 자유로운 존재이므로 서로 마주친다. 관계를 맺고 살아간다. 마주침이 우리가 살아가려는 의지(코나투스 : 자기 존재 안에서 지속하고자 하는 노력. 니체는 코나투스를 자신을 보존할 뿐 아니라 그 이상인 존재가 되기 위한 행위로 정의)를 증진시키기도 하고 감소시키기도 한다. 살아가려는 의지가 늘어나면 좋고, 살아가려는 의지가 줄어들면 나쁘다. 좋음과 나쁨은 절대 판단 기준이 없으며 관계를 통해 판단해야 한다. 절대 범주가 아니라 상대 범주다. 무엇이 좋고 나쁜지는 사전에 미리 결정될 수 없다. 그런데 인간이 타자와 만나서 좋음과 나쁨을 느끼기도 전에 도덕 법칙은 미리 어떤 것은 선하

— 「철학VS철학」(강신주) 발췌 후 재구성

사람을 때리는 것은 나쁘다는 판단은 많은 이들이 받아들이는 도덕
원리다. 그런데 사디스트와 메조키스트가 있다고 하자. 성생활은 자유
롭게 선택해도 된다는 주장을 인정한다면, 매를 때리는 사디스트와 매
를 맞는 메조키스트 사이에 이루어지는 만남은 서로 코나투스를 증진
시킨다. 한 사람은 때리고, 한 사람은 맞는데, 겉으로 봐서는 분명히 폭
력이 오가는데 둘 다 기쁨이 증가된다. 그러니 사람을 때리는 행위는 무
조건 나쁘다는 도덕원리는 일반론이 아니라 특정한 상황에서만 적용된
다. 이게 바로 스피노자가 말한 '마주침 윤리학'이다.

부모가 때리는 매도 스피노자가 제시한 코나투스 원리를 적용하면
무조건 옳거나, 무조건 틀리다고 판단하기 어려운 문제로 귀결된다. 매
가 서로 코나투스를 늘린다면 이는 좋다. 그러나 코나투스가 줄어든다
면 좋다고 보기 어렵다. 매는 언뜻 보기에 코나투스를 줄어들게 한다.
단기간에는 확실히 코나투스가 줄어들게 만든다. 대체로 매를 때린 사
람도 매를 맞은 사람도 기분이 나쁘기 때문이다. 그러나 오랜 시간이 지
나고 나면 매가 좋은 결과를 빚기도 한다. 시간이 지나 좋은 상황이 오
거나 괜찮은 결과를 얻는다면, 매를 때린 사람과 매를 맞는 사람에게
코나투스가 증가하게 되고, 그러한 매는 스피노자 사상에 따르면 옳은
행동이다.

스피노자가 제시한 '기쁨 윤리학'에 따르면 매가 옳고 그른지를 단순하게 판단하면 안 된다. 부모와 자식 사이에 이루어지는 마주침마다 그때그때 판단해야 한다. 매가 단기간에는 감정과 기분을 상하게 하겠지만, 매를 통해 자아를 더 찾고, 자기실현 욕구를 증진시키며, 바르게 살려는 의지를 키운다면, 즉 코나투스를 증진시킨다면 이는 좋다. 그러나 그 반대라면 매는 나쁘다.

심리학, 매가 지닌 효과에 의문을 던지다

행동주의 심리학은 의식이 아니라 행동을 연구한다. 행동주의 심리학은 인간을 외부 자극에 반응하는 존재로 여기기에 학습으로 바람직한 행동을 하게 만들고, 습득한 행동을 강화하는 자극으로 본다. '파블로프의 개' 실험은 원조 행동주의 심리학이다. 처음에 개는 종소리가 울렸을 때 아무런 반응을 보이지 않는다. 종소리가 울리고 음식을 주는 행동을 반복해서 경험하면 개는 종소리만 울려도 음식이 떠올라 침을 흘린다. 개가 종소리에 침을 흘리게 하려면 반복 경험을 하게 만들면 된다.

'조작적 조건화'는 여기서 한발 더 나아간다. 사람은 어떤 행동에 따른 보상이나 대가가 주어지면 계속 하고, 보상이 없거나 더 나아가 처벌을 한다고 하면 하지 않으려 한다. 보상과 처벌을 반복하면 가르치는

부모의 딜레마, 매

사람이 의도하는 어떤 목표에 도달하게 된다. 매는 처벌이므로 잘못된 행동에 대해 매를 반복해서 가하면 그 행동을 멈추게 된다. 반대로 어떤 행동을 할 때 적절하게 보상을 해 주면 그 행동이 강화된다. 칭찬이 고래를 춤추게 하는 것은 보상이 처벌보다 강하다는 증거다. 조작적 조건화 연구에 따르면 보상은 규칙적일 때보다 예측할 수 없이 주어질 때 행동이 더 강화한다. 보상을 예측하지 못하기 때문에, 언제 보상이 올지 몰라 행동에 더 충실해지기 때문이다.

행동주의 심리학은 인간 행동만 다룰 뿐 도덕, 의식과 같은 내면을 다루지 않는다. 강화와 처벌에 따른 변화는 자율성이 없다. 사육사가 사자를 길들이는 행위와 똑같다. 옳은지 그른지 판단하지도 않고, 그저 보상을 바라고 처벌을 피하기 위해서만 행동한다면 칸트의 지적처럼 윤리를 판단하는 대상이 될 수 없다. 사탕을 받기 위해 착하게 행동하는 아이에게는 옳고 그름을 판단할 능력이 없다. 그 아이는 사탕이라는 보상이 사라지면 착하게 행동할 동기가 사라진다. 동기가 사라진 그 아이가 그 뒤에도 계속 착하게 행동할지는 알 수 없다.

자녀를 훈육하는 목표가 윤리적인 판단을 바르게 하며, 사회에 대한 책임을 다 하는 사람으로서, 인간다운 삶을 꾸려나가게 하는 것이라면 보상과 처벌로 행동을 수정하는 방식은 그리 바람직하지 않다. 자유 의지가 없는 인간은 진정한 인간이 아니기 때문이다.

오랫동안 부모와 교사, 성직자들은 공포와 위협을 통해 아이들을 지도했다. 소리를 지르고, 떠밀고, 쥐어박고, 때리고, 탓하고, 을러대고, 조롱하고, 욕하는 것은 가정이건 학교건 교회에서건 흔히 벌어지는 일이었다. 어른들은 아이들에게 그런 식으로 대응하는 것이 훈육이라고 믿었다. 하지만 이것은 잘못 알려진 사실이다. 그러한 훈육은 훈육이 아니라 학대다. 집이나 교실을 조용하게 만들 수 있을지는 몰라도 올바른 본성을 꽃피우지 못하게 한다. 아이들 정서, 사회, 교육 발달을 가로막는 이 방식은 더 무서운 결과를 낳는다. 많은 아이들이 실패 앞에 떨고, 공포 속에서 살아가며, 배움에 흥미를 잃고, 어른이 됐을 때까지 분노를 안고 살아간다.

「훈육의 심리학」(토니 험프리스/다산초당)

강력한 통제를 하면 행동은 바뀐다. 겉보기에는 확실히 바뀐다. 욕을 하고, 협박을 하고, 처벌을 하고, 벌점을 주고, 징계를 하면 행동은 바뀐다. 교실은 조용해지고 아이들은 말 잘 듣는 착한 아이로 자란다. 잘 길들여진 개가 된다. 그러나 인간은 개가 아니다. 인간을 개로 만들면 자존감은 큰 상처를 입고 좌절과 분노가 내면에 쌓인다. 좌절과 분노는 속에서 곪아 마음병이 되거나, 밖으로 터져 나와 사회에 해악을 끼친다. 많은 심리학 연구는 공포와 위협으로 훈육할 경우 얼마나 많은 마음병이 생기는지 증명했다.

훈육을 하는 목적은 통제가 아니다. 통제를 목적으로 한 훈육은 히틀러 치하 독일에서 그 끔찍함이 명명백백하게 드러났다. 히틀러는 전

부모의 딜레마, 매

체제의 국가를 건설하는 과정에서 아이들을 자기 입맛에 맞게 길러내는데 최우선 힘을 쏟았다. 자라나는 아이들이 국가가 내세우는 목표에 순종하고, 일사불란한 통제 아래서, 인종차별주의와 미친 애국주의에 빠지도록 만들었다. 히틀러 군대를 이루는 정예병사는 이런 교육을 받고 자란 아이들이었다. 그리고 연합군 공격에 맞서 최후까지 물불 가리지 않고 싸우며 히틀러를 방어했던 병사들은 10대 초중반 나이밖에 안된 앳된 아이들이었다. 통제를 목적으로 획일화한 교육이 얼마나 무서운 살인 병기를 키워내는지 히틀러는 무섭게 증명해 주었다.

성철 스님은 분노와 미움 없이 오직 가르침을 목적으로 죽비를 들었다. 죽비에 불복한 제자에게 아무런 감정이 없었다. 죽비는 가르침을 위한 수단에서 벗어나지 않았으며, 죽비에는 감정이 실리지 않았다. 현실을 사는 부모들은 성철 스님과는 다르다. 가르침을 전하기 위해 매를 들기는 하지만, 거기에는 감정이 실린다. 부모이기에 당연하다. 때로는, 아니 종종 훈육이 필요해서라기보다 부모의 화와 분노를 다스리지 못해 매를 휘두른다. 화와 분노 뒤에는 부모가 지닌 트라우마나 콤플렉스, 결핍과 충동 따위가 똬리를 틀고 있다.

화와 분노를 다스리지 못해 매를 휘두르는 행위는 부모가 아이에게 가르치려는 가치와 정면으로 충돌한다. 부모는 매를 들면서 감정에 휘둘리지 말고, 올바름을 선택하며, 거짓말을 하지 않고, 약속을 잘 지키며, 형제끼리 우애 있게 지내기를 요구한다. 이런 요구에 담긴 뜻은 절제, 정의, 이성, 우애, 신의 등이다. 그러나 부모가 보여주는 행동은 이러한 가치에 배치된다. 사랑하기에 매를 든다면서 매를 드는 손에 깃든 감정은 화, 분노, 콤플렉스, 결핍, 충동 따위로 가득하다. 아이에게는 정의로운 판단력과 사랑하는 감정을 요구하면서 부모는 정의롭지 못한 판단, 절제되지 않는 욕설과 분노, 이성에 반하는 폭력, 신의를 저버린 비난을 아이에게 쏟아낸다. 요구는 정의인데, 행동은 정의롭지 못하다. 표리부동이요, 모순이다.

아이들은 부모가 하는 행동을 보고 배운다. 맹자가 지적했듯이 부모가 하는 행동이 부모가 입으로 말하는 가르침에 정면으로 위배된다면 아이들은 혼란에 빠진다. 말과 다른 행동은 아이에게 이중 메시지를 던진다. 무엇이 옳은지 판단하지 못하게 한다. 감정에 휩싸여 아이를 때릴 때 훈육 효과는 나타나지 않고, 아이들 내면에 깊은 상처만 남긴다.

> 수동성, 소심함, 수줍음, 침묵, 우유부단함, 회피처럼 지나치게 통제된 행동도 지나치게 통제되지 않는 행동만큼이나 문제다. 그동안 지나치게 통제된 반응은 훈육을 해야 할 표적이 아니었다. 적어도 그것은 눈에 띄게 다른 사람에게 피해를 주지 않기 때문이다. 반면에 통제되지 않는 행동은 눈에 띄게 드러난다.
>
> ─「훈육의 심리학」(토니 험프리스/다산초당)

보통 훈육은 '과잉 행동'에만 초점을 맞춘다. 흔히 문제아라 불리는 애들은 대부분 과잉 행동을 한다. 절제를 할 줄 모른다. 반면에 '과소 행

부모의 딜레마, 매

동'을 하는 아이들은 문제아로 드러나지 않는다. 문제아라기보다는 우리나라에서는 '바람직한 아이'로 여겨지기도 한다.

과소 행동을 하는 아이들은 소심하고, 속 좁고, 자기 판단력이 부족하며, 관계를 잘 맺지 못한다. 제대로 훈육을 하려고 한다면 과소 행동도 과잉 행동 못지않게 고쳐야 한다. 사회와 가정에서 관계를 맺어 나갈 때 과잉 행동 뿐 아니라 과소 행동도 심각한 문제이기 때문이다.

수동적이고 소심하며 판단력 부족한 사람과 함께 지내면 주위 사람이 엄청 스트레스를 받는다. 어떤 일이 벌어졌을 때 자기는 마치 책임이 없는 듯 지켜보기만 하고, 자기 힘으로 나서서 해결하려고 하지 않는 사람과 함께 지내면 옆 사람은 계속해서 스트레스를 받는다. 스트레스를 받기는 하는데 과소 행동을 하는 사람을 탓하기는 어렵다. 과잉 행동은 겉으로 드러나기에 문제를 해결할 가능성이라도 보이지만, 과소 행동은 겉으로 드러나지 않기에 해결할 실마리도 찾기 어렵다.

과소 행동을 하는 사람들은 자신에게 문제가 있다는 점도 인정하지 않는다. 문제를 인정하지 않으니 다른 사람을 원망한다. 자신은 착한 아이가 되고, 다른 사람은 나쁜 사람이 된다. 책임을 져야 할 상황에서 책임을 지지 않고, 착한 사람 노릇만 하려고 한다. 책임감 없는 사람이 책임을 져야 할 위치에 서면 무책임한 짓을 서슴지 않는다. 그렇기 때문에 과소 행동도 과잉 행동과 마찬가지로 수정되어야 할 행동이며, 어떤 면에서는 훨씬 위험하다. 따라서 문제가 되는 행동을 매로 고쳐야 한다면 과잉 행동뿐 아니라 과소 행동에도 매를 들이대야 한다. 그러나 그 어떤 부모나 선생님들도 과소 행동에 매를 들지는 않는다. 그 이유는 이미 이런 아이들은 충분히 통제되고 있기 때문이다. 거의 대부분 부모나 선생님이 과잉 행동에만 매를 들고 과소 행동에 매를 대지 않는다는 사실은 매가 통제 수단으로 활용된다는 사실을 보여준다. 아이를 올바른 길로 이끌기 위해서가 아니라 매를 든 사람 의지대로 아이들을 통제하려는 목적에서 매를 드는 것이다. 통제가 목적인 매는 앞서도 지적했지만 아이를 노예로 만드는 잔인한 폭력일 뿐이다.

유엔아동인권협약, 부모는 매를 들 권리가 있는가?

'유엔아동권리협약'은 아동의 완전하고, 조화로운 인격 발달을 보장하기 위해 맺은 국제 협약이다. 유엔아동권리협약에서 아동은 완전하고 조화로운 인격 발달을 위하여 좋은 환경 속에서 행복을 누리고, 사랑과 이해를 받으며 성장해야 하며, 완전하고 조화로운 인격발달을 보장받아야 한다. 우리나라도 국회에서 비준했기 때문에 국내법과 똑같은 효력이 있다.

유엔아동권리협약은 전문과 54개조에 이르는 방대한 양이라 쉽게 읽기 어렵다. 방대한 협약을 9살 영국 아동이 쉽게 고쳐 쓴 글이 『쉽게 쓴 유엔아동권리협약』이다. 우리나라에서는 어른들도 읽은 적이 별로 없고, 그 존재도 잘 모르는 유엔아동권리협약을 영국은 9살 어린이가 읽고 자기 말로 고쳐 썼다.

제19조. 아무도, 어떤 식으로든 우리를 해쳐서는 안 된다. 어른들은 우리가 매 맞거나 무관심 속에 내버려지게끔 놔두지 말고 우리를 보호해줘야 한다. 우리 부모님에게도 우리들을 해칠 권리가 없다.

　　　　　　　　　　　　　　　　— 쉽게 쓴 유엔아동권리협약(출처 : 인권오름)

『쉽게 쓴 유엔아동권리협약』19조에 따르면 아동에게 매를 들어서는 안 된다. 무관심도 안 된다. 적극 보호해 줘야 한다. 그 어떤 부모도 아이들을 해칠 권리가 없다. 그렇다면 '유엔아동권리협약' 원문도 매는 절대 안 된다고 했을까?

제19조 1항. 당사국은 아동이 부모·후견인 기타 아동양육자의 양육을 받고 있는 동안 모든 형태의 신체적·정신적 폭력, 상해나 학대, 유기나 유기적 대우, 성적 학대를 포함한 혹사나 착취로부터 아동을 보호하기 위하여 모든 적절한 입법적·행정적·사회적 및 교육적 조치를 취해야 한다.

　　　　　　　　　　　　　　　　　　　　— 유엔아동권리협약 원문

상해, 학대, 유기, 혹사, 착취는 절대 안 된다. 이는 논쟁을 벌일 여지가 없다. 그 어떤 반론도 허용할 수 없다. 이러한 행위는 폭력이며 범죄다. 이는 명백하다. 문제는 그 다음이다. 모든 형태의 신체적, 정신적 폭력도 안 된다고 했다. '모든 형태'라고 했으므로 당연히 그 어떤 매도 안 된다고 해석해야 할까? 유엔아동인권협약은 단호하게 매를 반대한

　　　　　　　　　　　　　　　　　　부모의 딜레마, 매

다고 해야 할까? 과연 매는 '신체적 폭력'인가? 쉽게 쓴 유엔아동권리협약에서는 '매'라고 하였지만, 원문에는 '폭력'이다. 과연 '매=폭력'일까?

폭력: 남을 거칠고 사납게 제압할 때에 쓰는, 주먹이나 발 또는 몽둥이 따위의 수단이나 힘. 넓은 뜻으로는 무기로 억누르는 힘을 이르기도 한다.

– 네이버 검색

사전에 따르면 폭력이란 남을 제압하는데 물리력을 동원함을 의미한다. 제압한다 함은 다른 사람이 지닌 뜻을 꺾는 행위다. 자기 의지대로 행동하지 못하게 하는 것이다. 상대방 의지를 꺾기 위해 동원하는 물리력이 바로 폭력이다. 매는 언뜻 보기엔 폭력에 포함되어 보인다. 상대가 자기 의지대로 행동하지 못하게 하는 강제력이다. 이런 식으로 폭력을 규정하면 우리가 폭력이 아니라고 판단하는 것조차 모두 폭력이 된다. 국가는 행정이나 기타 행위를 통해 국민이 자기 마음대로 행동하지 못하게 제약하며, 제약을 어겼을 경우 물리력을 동원한다. 돈으로 서비스를 사는 것도 넓은 의미에서 보면 폭력이다. 상대방 의지를 돈으로 굴복시켜, 자율에 반하는 노동을 강요한다. 돈이야말로 물리력이다. 따라서 자율의지에 반하여 강요하고, 물리력을 동원한다는 조건으로는 폭력이 무엇인지 정확히 정의내리기 어렵다. 폭력이 무엇인지 정의하려며 다른 기준을 덧붙여야 한다.

폭력은 선한 목적이 아니다. 선한 의지가 없어야만 물리력은 폭력이 된다. 또한 선한 의지가 있다고 해서 무조건 폭력에서 제외되지도 않는다. 선한 의지란 때에 따라서, 상대에 따라서 다르다. 내가 선한 의지가 있다고 해서, 그 의지가 상대에게도 선하리란 보장이 없다. 결국 선한 의지가 선한 결과, 즉 상대에게도 선한 결과로 나타나야 한다. 스피노자가 한 말처럼 '코나투스'가 증가해야 한다. 악한 의지가 개입되었다면 폭력이고, 선한 의지여도 코나투스를 줄어들게 하면 폭력이 된다.

『유엔아동인권협약』에 명시된 '신체적 폭력'을 신체에 가해지는 물리력, 또는 물리력으로 인해 받는 고통으로 단순하게 여기면 안 될까? 그것도 그리 간단치 않다. 예를 들어보자. 아이들이 병이 들었을 때 주사를 놓고, 수술도 한다. 치료를 위해 신체에 물리력을, 아이 의사에 반해 가하기도 한다. 고통도 준다. 그러나 치료를 신체 폭력이라 부르지 않는다.

매가 단순히 신체에 고통을 가하는 것이라면 폭력이 맞다. 그러나 정신 건강을 키울 목적으로 가해지고, 실제로 정신 건강이 증진되는 결과로 이어진다면 신체를 건강하게 만드는 치료와 다를 바가 없다. 의술은 신체를 건강하게 하기에 육체에 폭력을 행사하지만 폭력이 아니라 돌봄이다. 만약 매가 정신을 건강하게 하고 코나투스를 증가하게 한다면 매는 폭력이 아니다. 어떤 면에서는 매가 돌봄이 된다. 받아들이기 힘들겠지만 논리로만 따지면 맞는 말이다.

체벌을 법으로 금지하는 이유

이처럼 폭력이 무엇인지 정의내리기는 상당히 까다롭다. '매=폭력'이라고 곧바로 지칭하기도 어렵다. 그런데 왜 『쉽게 쓴 유엔아동권리협약』에서는 '아동에 가해지는 신체적 폭력'을 '매'라고 단정했을까? 몇몇 국가에서 학교뿐 아니라 가정에서도 매를 완전히 금지한 까닭은 무엇일까?

아동 폭력이 지닌 위험성과 매가 발휘하는 훈육 효과를 견줬을 때 훈육이 지닌 긍정 효과보다 매에 따른 아동 폭력 위험성이 월등히 크기 때문이다. 아무리 좋은 효과가 있더라도 부정 효과가 지나치게 크다면 그 행동을 금지하는 것이 사회 전체로 봐서는 큰 이득이다.

스웨덴에서는 1950년대까지만 해도 좋은 뜻으로 하는 체벌이 허용됐다. 하지만 아동인권에 대한 관심이 높아지면서 스웨덴은 1960년 학교와 사회기관, 교도소 내 체벌을 금지했다. 부모가 가하는 체벌은 자녀 훈육에 도움이 된다는 판단에 따라 허용했지만 1975년 이마저도 금지한 계기가 된 사건이 있었다.

세 살짜리 딸에게 심한 체벌을 가해 중상을 입힌 아버지가 법원에서 무죄 선고를 받자 비난 여론이 비등했고, 이후 스웨덴 국회는 아동권리위원회를 만들고 부모후견인법을 제정해 4년 뒤 아동체벌 금지를 명문화했다.

스웨덴 국민 대다수는 이런 변화를 반긴다. 정부 조사에 따르면 아동 체벌

많은 체벌이 훈육 목적보다는 부모가 받는 스트레스나 부모 내면에 쌓인 문제 때문에 발생한다. 매가 훈육이 아니라 자기감정을 이기지 못해 행해진다면 금지하는 게 맞다. 체벌을 금지한 국가에서도 많은 부모들은 가볍게 신체를 때리고, 매를 들기도 한다. 그럼에도 이렇게 법이 제정된 뒤에 가정 폭력이 상당히 줄어들었다. 법에 체벌 금지가 명문화되니 사회 인식이 점점 바뀌고, 그에 따라 가정 폭력도 감소했다.

우리나라도 매를 금지하는 방향으로 사회 분위기가 바뀌고 있다.

초등교육법 시행령 제31조 ⑦항 : 학교의 장은 교육상 불가피한 경우를 제외하고는 학생에게 신체적 고통을 가하지 아니하는 훈육·훈계 등의 방법으로 행하여야 한다.

옛날 초등교육법 시행령에서는 '불가피한 경우'를 제외하고는 신체적 고통을 가하지 말라고 하였다. 이는 불가피한 경우는 신체에 고통을 가하는 체벌을 해도 되는 허가 규정이나 마찬가지였다. 이를 근거로 체벌은 학교에서 광범위하게 행해졌고, 정당성을 확보했다.

2011년 3월 18일 개정한 초등교육법 시행령 제31조 ⑧항 : 학교의 장은 학생을 지도할 때에는 학칙으로 정하는 바에 따라 훈육·훈계 등의 방법으로 하되, 도구, 신체 등을 이용하여 학생의 신체에 고통을 가하는 방법을 사용해서는 아니 된다.

개정한 초등교육법 시행령에는 체벌 금지가 명문화되었다. 이제 어떤 경우에도 우리나라 학교에서 신체에 고통을 가하는 체벌은 안 된다. 이러한 사실을 대다수 학생들과 선생님들이 모르고 있다. 학생인권조례가 제정된 지역에서만 체벌이 금지된 줄 알고 있지만 우리나라 학교에서는 도구, 신체를 이용해 고통을 가하는 체벌, 즉 매는 금지다. 학교 체벌은 엄연히 '불법'이다.

우리나라가 학교에서 체벌을 금지하는 쪽으로 법을 바꾸고, 학생인권조례를 제정한 까닭은 학생들이 인간다운 교육을 받을 권리를 이정표로 세우고 그쪽으로 교육을 끌고 가려는 목표가 있기 때문이다. 21세기 학생에게 한비자가 제시한 체벌 위주 교육을 포기하고, 자발성에 기초한 도덕성 함양에 초점을 둔 교육으로 전환하겠다는 의지를 법률로 드러낸 것이 바로 체벌 금지 규정이다.

우리나라 법이나 인권조례가 아직 가정에서 매를 금지하는 정도에 이르지는 않지만, 이 규정은 가정에서도 체벌을 활용한 윤리 교육은 되도록(!) 하지 말아야 함을 말하고 있다. 부모들이 스트레스를 많이 받는 사회 환경이고, 사회 공동체가 붕괴되어 개인이 모든 것을 책임지며,

부모들이 다양한 심리 문제를 안고 사는 상황에서 체벌은 아주 쉽게 아동 폭력으로 변질된다. 이러한 이유로 웬만하면 가정교육에서 체벌은 피해야 한다.

『유엔아동인권협약』 초등교육법 시행령, 학생인권조례, 체벌을 금지한 외국 법률은 모두 한 지점을 가리킨다.

아이들을 가르칠 때 조금 더 인간다운 방법을 써야 한다고!

아이들은 통제해야 할 대상이 아니라고!!

낳았다고 해서 부모가 아이를 마음대로 해도 되는 것은 아니라고!!!

동학, 매는 신을 거역하는 행위다

　동학이라고 하면 대다수 사람들은 1894년에 일어난 '동학농민운동'이나 전봉준만 기억한다. 조금 더 아는 사람은 동학이 서학에 맞서 수운 최제우가 창시한 종교이며, 유불선 사상을 종합하였고 '사람은 곧 하늘이다'는 '인내천(人乃天)'이 핵심이라는 정도만 안다. 그러나 동학이 어린이 운동과 여성 운동을 가장 앞장서서 이끌었다는 사실을 아는 사람은 드물다. '어린이'란 말을 만들고 '어린이날'을 만든 소파 방정환은 동학을 이어받은 천도교를 믿은 인물이었다. 소파 방정환을 배출한 동학은 과연 매를 어떤 식으로 바라볼까?

　동학 핵심 사상은 시천주(侍天主)다. 시(侍)란 받들어 모심을 뜻하고, 천주(天主)는 한울님으로 만물을 창조한 근원인 신이다. 따라서 시천주(侍天主)란 한울님을 받들어 모신다는 뜻이다. 그런데 동학에서 신은 따로 어디에 있지 않다. 신은 내 안에 있다. 만물에 깃들어 있다. 따라서 시천주(侍天主)란 내 안에 깃든 한울님(신)이 진정한 내 실체이며, 한울님 마음이 내 본심임을 깨닫고 이를 떠받들어 모시라는 가르침이다.

> **집에 누군가 오시면 '손님이 오셨다' 하지 말고 '한울님이 오셨다'고 말하세요.**
>
> – 동학2대 교주 해월 최시형

한울님은 모든 사람에게 다 있다. 모든 사람은 본질에서 한울님이다. 그러니 손님이 오시면 '손님이 오셨다' 하지 말고 '한울님이 오셨다'고 하라는 가르침이다. 손님과 주인 사이에 경계를 두지 말고 손님을 깍듯이 대접하라는 뜻이다. 자신이 만나는 사람이 어떤 사람이든지 사람은 모두 한울님이므로 '사인여천(事人如天)', 즉 사람 대하기를 한울님 대하듯이 하라고 가르침이다.

사인여천(事人如天)은 대상을 가리지 않는다. 신분제도가 시퍼렇게 살아 있던 조선시대에 해월 최시형은 여자 노비 가운데 한 명은 수양딸로, 한 명은 며느리로 삼았다. 당시로서는 상상이 불가능한 놀라운 조치였다. 아버지를 아버지로 부르지 못함을 한탄한 홍길동이 해월 최시형을 만났다면 눈물을 펑펑 흘리며 기뻐했을 것이다.

손님은 나와 분리된 타인이 아니다. 손님은 내 주인이다. 노비는 내 아래 사람이 아니다. 노비는 나와 똑같이 귀한 사람이다. 손님도 노비

부모의 딜레마, 매

도 모두 한울님이기에 받들어 모셔야 한다. 시천주 사상은 인간은 평등하다는 원리를 훌쩍 뛰어넘는다. 인간은 평등할 뿐 아니라 모두 귀하다. 귀하니 떠받들어야 한다. 한울님을 모시는 일, 사람이 이 땅에 태어난 사명이다.

어린이를 때리는 매는 한울님 뜻을 다치게 하고, 한울님을 치는 짓입니다.

– 동학2대 교주 해월 최시형

모든 사람이 한울님이므로 어린이도 한울님이다. 아이에게 매를 드는 행위는 한울님에게 매를 드는 짓과 똑같다. 당연히 동학은 매를 반대한다. 동학은 매를 반대하는 데서 멈추지 않는다.

소파 방정환은 어린 아이를 부르는 말로 '어린이'란 낱말을 만들었다. 어린이란 그냥 단순히 어린 사람을 뜻하지 않는다. 어린이란 '어린 아이'를 높여 부르는 말이다. 아이를 때려서 가르치고, 아이를 부모 종속물로 보던 시대에 소파 방정환은 아이들에게 '존칭'을 사용하자고 주장한다. 우리는 어린이라는 말이 애들을 낮춰 부르는 말로 여기지만, 사실은 존댓말이다. 어린이란 호칭에는 시천주 사상이 깃들어 있다. 어린 아이를 어린이로 존칭을 쓰는 시천주 사상으로 볼 때, 매는 절대 허용될 수 없다.

3부. 방치와 폭력의 경계에서 길을 찾다

: 3부 :

방치와 폭력의
경계에서
길을 찾다

매는 한 모습이 아니다

매와 관련해 가장 가슴 아픈 얘기를 담은 소설은 『나의 라임오렌지나무』(J.M.바스콘셀로스)다. 가족들은 툭하면 6살 제제를 때린다. 특히 아버지는 형이 잘못한 경우 꿀밤을 가볍게 먹인 뒤 일장 연설로 마무리하지만, 제재에게는 가차 없이 매를 휘두른다. 제제는 자기가 못된 짓만 골라하는 아이기 때문에 매를 맞는다고 자조한다.

제제는 자주 매를 맞는데 두 번 아주 잔인하고 가혹하게 얻어맞는다. 첫 폭력은 잔디라 누나에게 당한다. 잔디라 누나가 음식을 차려 놓고 오라고 했는데 제제는 풍선 만들기를 마무리하고 가려고 했다. 화가 난 누나는 제제를 끌고 가려고 했고 제제는 반항한다. 그러자 누나는 맹수로 돌변해 제제가 들고 놀던 풍선을 갈가리 찢고, 제제를 집어 던져 버린다. 제제는 반항심이 불같이 일어나 누나에게 '갈보!'라고 욕을 해

부모의 딜레마, 매

댔고 누나는 가죽 장갑으로 제제를 때린다. 사건이 벌어진 이유도 모르고 들어온 형은 제제가 누나에게 심한 욕을 하는 걸 보고는 제제를 무자비하게 구타한다. 피범벅이 된 제제를 뒤늦게 글로리아 누나가 구한다.

둘째 폭력은 아빠에게 당하는데 첫 폭력보다 더 가혹하다. 길거리에서 만난 아리오발두 아저씨에게 배운 탱고를 무심코 부르는데 아빠가 그 노래를 듣고 노발대발한다. 아빠는 화가 나서 다시 불러보라고 했는데, 제제는 불러보란다고 또 부른다.

♪나는 벌거벗은 여자가 좋아……♫. 나는 벌거벗은 여자가 좋아……♩

아빠는 무자비하게 때린다. 제제는 반항심이 솟구쳐 죽기로 결심하고 아버지에게 "살인자! 날 죽여라!"하며 대든다. 아버지는 허리띠로 제제를 죽일 듯이 때린다. 글로리아 누나가 말려서 제제는 죽지 않는다. 그때서야 아빠는 제제가 자신을 놀리는 줄 착각했다며 후회한다. 제제는 엄마에게 이렇게 말한다. "엄마, 난 태어나지 말아야 했어요. 내 풍선처럼 되어야 했어요." 자신을 낳아준 엄마에게 자기는 죽어야 한다고 말하는 제제 마음은 어떨까? 그 말을 듣는 엄마는 또 얼마나 가슴이 찢어질까?

겉으로 보기에 제제는 맞을 짓을 했다. 누나에게 '갈보'라는 못된 욕을 했고, 아버지 앞에서 '벌거벗은 여자가 좋다'는 노래를 불렀고, '살인자'라고 대들었다. 그러나 6살 제제에게 그런 말은 아무런 도덕 가치도 없고, 윤리 문제도 없다. 겉으로 보기에 잘못했기에 마땅히 맞아야 한다고 판단할지 모르지만 그 판단은 틀렸다. 잔디라 누나와 아버지는 제제에게 폭력을 행사했고, 부당하고 잔인한 형벌을 가했다. 6살 아이에게 절대로 해서는 안 될 짓을 저질렀다.

제제는 자신을 온전히 받아주고 사랑해 준 뽀르뚜가 아저씨에게 온 마음을 의탁한다. 뽀르뚜가 아저씨는 제제에게 진정한 '나의 라임 오렌지 나무'였다. 뽀르뚜가 아저씨를 통해 제제는 온전히 사랑받는 존재가 된다. 뽀르뚜가 아저씨에게 사랑을 받자 제제에겐 매가 전혀 필요 없게 되었다. 제제는 그저 사랑이 부족했을 뿐이었다. 겉으로 보기엔 장난꾸러기고, 늘 못된 장난을 치고, 이상한 욕도 하지만 그건 매로 다스릴 일이 아니었다.

제제를 보면 아이들에게 진정 필요한 것은 매가 아니라 사랑임이 분명해진다. 제제를 통해 우리는 꽃으로도 때리지 말라는 말에 수긍한다.

가정 폭력은 범죄다

'방안의 코끼리(The Elephant in the room)'는 누구나 알지만 두려워서, 귀찮아서 아무도 꺼내지 않는 큰 문제를 뜻하는 말이다. 『코끼리는 보이지 않아』(양철북/수잔크렐러)는 가정 폭력을 다룬다. 가정 폭력을 다룬 책 제목에 '코끼리'가 들어간 이유는 '방안의 코끼리'란 말로 짐작이 갈 것이다. 마샤는 이웃집에 사는 아이들이 아버지에게 온갖 폭행을 당한다는 사실을 알게 된다. 마샤는 어떻게든 이 아이들을 돕기 위해 마을 창고로 숨어드는데, 이것이 오해로 인해 유괴사건이 되고 만다. 마샤는 유괴범으로 몰리지만 가정 폭력 문제가 원인임이 드러나 좋게 해결된다.

『내 친구에게 생긴 일』(크레용하우스/미라 로베)도 『코끼리는 보이지 않아』와 비슷한 설정이다. 하인리히가 의붓아버지에게 심한 가정 폭력을 당한다. 의붓아버지는 자신을 아버지라 부르지 않았다고 하인리히를 때리고, 보호막이 되어야 할 엄마는 하인리히를 방치한다. 우연히 하인리히가 가정 폭력을 당한다는 사실을 알게 된 율리아는 하인리히를 돕기 위해 나선다. 율리아는 얼마 뒤 학교 선생님과 친구들은 이미 하인리히가 가정 폭력을 당하는 걸 다 알면서도 도움을 주려고 나서지 않았다는 사실을 알게 된다. 율리아는 주변 사람들이 잘못했다고 여기지만, 주변 사람들은 다칠지도 모른다면서 오히려 돕겠다는 율리아를 말린다. 그러나 율리아는 반대와 위험한 상황을 극복하고 하인리히를 돕는데 성공하고, 의붓아버지는 가정 폭력으로 경찰에 잡혀간다.

이 두 작품은 가정 폭력을 다루면서 시점은 가정 폭력을 행한 주체나 가정 폭력을 당하는 피해자에 두지 않고, 주변인 시점에서 사건에 다가간다. 주변인 시선을 택한 이유는 분명하다. 가정 폭력을 발견했다면 방관하지 말고, 개입하라는 말이다. 가정 폭력을 방관하고 방치하는 사람은 가정 폭력을 저지르는 사람과 동일한 범죄자다. 방관도 실제 행위 못지않게 큰 범죄다. 가정 폭력은 '방안의 코끼리'다. 너무나 큰 문제인데 다들 쉬쉬한다. 가정 폭력은 심각한 범죄며, 그 어떤 논리로도 정당화될 수 없다.

개망나니 자식에게는 매가 필요했다

소설 『벙어리 삼룡이』(나도향)에는 망나니 아들이 나온다. 아버지는 훌륭한 인품을 지녔고, 마을 사람들에게 존경을 받는다. 생활이 철두철미하지만 인정이 많아서 자신에게는 엄격하고, 주위에는 덕을 많이 베푼다. 더할 나위 없이 좋은 아버지다. 벙어리 삼룡이는 그런 주인을 존경하고 잘 따른다.

아버지가 바르고 곧은 사람이니 아들도 곧고 바라야 할 터인데 그러지 않다. 삼대독자다 보니 귀하게 키워서 버릇이 없다. 사람에게나 짐승에게나 포악한 짓을 많이 한다. 동네 사람들은 "저런 자식은 없는 것만 못해." 하며 욕을 해댄다. 어머니는 걱정이 되어 아이 아버지에게 훈계를 하든지, 매를 대든지 하라고 요구하지만 귀담아 듣지 않는다. 도리어 "아직 철이 없어 그렇지, 저도 지각이 나면 그렇지 않을 것이 아녀." 하며 차차 나아지리라 믿는다.

이렇게 오냐오냐 키우니 아들은 버릇없기가 오뉴월 배고픈 똥개보다 못하다. 잠자는 삼룡이 입에 똥을 먹이고, 자는 몸에 불을 붙이기도 하고, 주먹과 발로 사정없이 때리기도 한다. 삼룡이는 분노한 마음이 없지는 않으나 자신이 벙어리기에 당하는 것이려니 하며 참는다. 그러나 시집온 아씨에게까지 개망나니 짓을 벌이자 아씨를 연모했던 삼룡이는 더 참지 못하고 분노가 폭발한다. 삼룡이는 평생을 모시던 주인집에 불을 지르고, 집은 화염에 휩싸인다.

　잘못 키운 자식은 자기 자신만 망치는데 그치지 않고 집안을 망하게 만든다. 개망나니 자식에게는 매가 필요했다. 잘못된 길로 갔을 때 따끔한 매를 들어 제대로 된 인간으로 되돌려야만 했다. 어머니가 그렇게 요구했음에도 아버지는 나이가 들면 괜찮겠거니 하면서 느긋하게, 사랑으로, 관용으로 대했는데 그것이 문제를 키웠던 것이다. 아무리 사랑을 많이 줘도, 아무리 본보기를 잘 보여줘도 자식은 옳은 길로 가지 않았고, 결국 집안을 망하게 하고 말았다.

독재자와 비겁한 지식인에게도 매가 필요하다

　『우리들의 일그러진 영웅』(이문열)에서 엄석대는 초등학생이지만 강력한 독재자다. 반 전체를 완벽하게 장악하여 자기 왕국으로 만든다. 귀찮기가 칠팔월 뙤약볕 개보다 더한 선생님도 엄석대를 믿으며 지지한다. 서울에서 온 경태가 정의를 앞세워 도전해보지만 냉혹한 통치자인 엄석대에게 눈물을 흘리며 굴복한다. 온갖 부정과 비리, 금품갈취까지 벌이면서도 엄석대는 자기 왕국을 튼튼히 유지한다. 심지어 시험지 바꿔치기를 통해 전교 1등도 놓치지 않는다.

언제까지나 무너지지 않을 듯하던 엄석대 왕국은 새로 오신 선생님으로 인해 순식간에 무너진다. 반 분위기가 이상하다고 느끼던 선생님은 시험에서 엄석대가 우수한 학생들과 시험지를 교환한다는 사실을 확인하고는 다짜고짜 엄석대에게 매를 댄다. 선생님은 증거를 대지도 않고 매부터 댄다. 가혹한 매질이다. 다 큰 어른도 감당하기 힘들 정도로 매질을 한다. 선생님은 엄석대가 신음을 내뱉으며 무너진 뒤에야 증거를 들이대고, 매에 굴복한 엄석대는 아무런 변명도 못하고 모든 잘못을 털어놓는다.

뒤이어 선생님은 엄석대와 시험지를 교환했던 공부 잘하는 학생들을 불러낸다. 그리고 엄석대가 저지른 범죄에 적극 협력한 죄를 묻는다. 자기 몫을 빼앗기고도 분노할 줄을 모르고, 불의 앞에서 굴복하고도 부끄러운 줄 몰랐던 공부 잘하는 학생들에게도 가혹한 매질을 한다. "너희들이 어른이 되어 만드는 세상이 끔찍할 것"이라고 준엄하게 꾸짖으면서 내린 매질이다.

학교에서 도망친 엄석대가 학교 밖에서 아이들을 괴롭히자 선생님은 또다시 매를 든다. 이번에는 엄석대가 아니라 맞고 온 아이들이다. 여럿이서 석대에게 저항하지 못하고 무기력하게 끌려 다니는 비굴함을 가차 없이 벌한다. 비겁과 굴종이 얼마나 수치스러운지, 용기를 내지 않으면 더 큰 지옥이 기다린다는 가르침을 내린다. 선생님 매질이 엄석대 주먹보다 무서웠던 아이들은 똘똘 뭉쳐서 싸움을 벌이게 되고, 뭉친 아이들에게 패한 엄석대는 다시는 아이들 근처에 나타나지 않는다.

부모의 딜레마, 매

선생님은 독재자에게 매를 댔다. 엄석대가 저지른 죄를 쉽게 자백 받기 위한 목적도 있었지만, 겁에 질려 비겁하게 물러나 있던 아이들이 엄석대에게 저항할 용기를 주기 위해서였다. 선생님은 공부 잘하는 학생(지식인)들에게도 매를 가했다. 그들은 굴종을 통해 더 큰 이득을 얻었고, 부끄러운 줄도, 비겁한 줄도 몰랐다. 이득만을 바라고, 부끄러움과 비겁을 모르는 아이들에게 정의와 책임과 권리를 깨우쳐 주기 위해 매를 댔다. 뭉치지 못하고 당하는 힘없는 학생(백성)들에게 뭉치지 않으면 더 큰 피해가 간다는 점을 가르쳐 주기 위해, 뭉치면 얼마나 힘이 커지는지 가르치기 위해 매를 들었다. 선생님이 든 매는 학대를 하는 매가 아니라 아이들에게 가장 필요한 가르침을 주기 위한 매였다.

그렇다고 선생님이 모든 것을 매로만 해결한 것은 아니다. 선생님은 민주주의를 가르칠 때는 아이들이 범하는 무질서를 한없이 인정해준다. 쉼 없이 바뀌는 반장들, 반복되는 선거, 지루한 의사결정, 중구난방인 의견들이 그대로 흘러 다니게 내버려 둔다. 혼란과 무질서를 겪으면서 아이들은 스스로 질서를 만들어 나갔고, 민주주의를 몸으로 배운다. 비록 반은 엄석대가 지배하던 때처럼 잘 돌아가지도 않고, 일사분란하지 못하지만 그대로 둔다. 참 민주주의는 체험을 통해 배우기 때문이다.

선생님 매는 가혹했지만 필요했고, 정의로웠으며, 아이들 성장에 큰 도움이 되었다. 선생님은 때로는 강한 채찍으로 아이들에게 올바른 관점과 세계관을 심어주었다.

너를 사랑해, 그렇지만 그건 하지 마!

『오래된 미래, 라다크로부터 배운다』(헬레나 노르베리-호지)에는 자존감과 사랑으로 가득 찬 라다크 아이들이 나온다. 라다크는 영하 20도를 넘는 겨울이 8개월 이상 계속되는 지역이다. 환경은 열악하지만 라다크 아이들은 아주 행복하다. 어린 아이들에겐 항상 어른이 옆에 머물며 한없는 사랑을 베푼다. 아무도 아이들에게 화를 내지 않는다. 밤늦게 어른들과 함께 있어도 빨리 자야 한다는 둥, 애들이 뭐하는 짓이냐는 둥 하는 잔소리는 들리지 않는다. 어른들이 하는 일에 아무리 방해가 되어도 말로 조용히 타이를 뿐 크게 야단치지도 않는다.

> 한 번은 의원인 예쉬가 오래된 의서에서 출산에 관한 부분을 나에게 번역해 주고 있었다. 그날은 그가 이웃 사람의 손자를 봐주는 날이었다. 그 아이는 계속해서 책장을 움켜쥐고 때때로 실제로 책을 찢기도 하며 끊임없이 "이게 뭐야! 이게 뭐야!" 하며 물었다. 아이는 쉬지 않고 계속 해서 똑같은 물음을 해댔다. 우리가 하려는 일에 집중을 하기는 거의 불가능했다. 그런데도 예쉬는 전혀 화를 내지 않았다. 아이가 책을 움켜 잡을 때마다 부드럽게 아이 손을 떼어내며 "그건 책이야… 그건 책이야… 그건 책이야…." 하고 대답했다. 그는 계속 똑같이 조용한 어조로 그 말을 백번은 했고, 나와 달리 우리가 하는 일에 집중하는 데 아무런 어려움이 없었다.
>
> —『오래된 미래, 라다크에서 배우다』

　　　　　　　　　　　　　　　부모의 딜레마, 매

나라면 단 서너 번 만에 화를 내고, 대여섯 번이 넘어가면 야단을 쳤을 것이다. 야단을 치기에 어린 나이라면 일을 할 만한 조건을 갖추기 위해 아이를 떼어 놓았을지도 모른다. 그러나 라다크 사람 예쉬는 전혀 그러지 않았다. 예쉬만 남다르게 아이를 드넓은 포용과 허용으로 대하지는 않는다. 드넓은 허용은 라다크 사회에서 오래된 문화다. 그렇다고 아이들이 버릇없이 자라지는 않는다. 라다크 아이들은 노인을 공경하고 웃어른에게 깍듯했으며, 넘치는 사랑과 인정을 받고 자랐기에 자존감이 높았다. 꾀죄죄한 외모 때문에 도시로 나갔을 때 놀림을 당하지만 아무도 자존감에 상처를 받거나, 초라한 겉모습 때문에 괴로워하지 않는다. 라다크 아이들은 외모와 자존감이 아무런 상관이 없으며, 아무리 놀림을 받아도 존중받을 가치가 있음을 삶을 통해 배웠다.

공동체가 제공하는 사랑과 안정은 그 어떤 훈육보다 아이들에게 좋은 영향을 끼치고, 바르게 이끈다는 사실을 라다크는 역사를 통해 실증한다. 그렇다면 라다크에서는 아이들에게 매를 전혀 대지 않는 걸까? 예쉬 사례만 보면 볼기짝 때리는 일조차 없을 듯하지만 꼭 그렇지는 않다.

한번은 돌마(엄마)가 뜨거운 찻주전자를 붙잡으려 하는 세 살 된 아들을 찰싹 때렸다. 동시에 거의 바로 그녀는 아기를 넓은 품으로 꼭 안아주었다. 나는 그렇게 뚜렷하지 않은 신호를 받으면 아이가 혼란스럽지 않을지 궁금했다. 그러나 그와 비슷한 경우를 여러 번 본 다음에야 그 행동에 담긴 엄마는 아이를 사랑한다. 그러기에 신체를 해칠 위험이 있는 행동을 못하게 막는다. 바로 막아야 하니 말보다 찰싹 때리는 행위로 못하게 한다. 엄마가 갑자기 때리면 아이로서는 혹시 엄마가 자신을 미워하나 오해할 수도 있다. 엄마는 아이가 혹시 할지도 모를 오해를 풀어주려고 꼭 껴안는다. "나는 너를 사랑해, 그래서 네가 다치는 걸 원하지 않아!" 이것이 라다크에서 아이를 때리는 유일한 이유다.

라다크에서 매는 아이를 위험에서 보호하기 위한 긴급구제 수단이다. 매는 가혹하지 않으며 단순한 위험 신호다. 부모가 찰싹 때리는 행위는 안전하게 자기 몸을 보호하는 능력, 생존하는 능력을 키워주려는 교육이다. 아이가 육체적으로 손상을 입을지도 모를 위험한 짓을 하는데 막는 수단이 매밖에 없다면 매는 당연히 들어야 한다. 그런 다음 내가 너를 진실로 사랑함을 곧바로, 진하게 전달한다. 도리어 매를 맞고도 사랑을 느낀다. 나를 지켜주는 든든한 보호막이 있음에 안심한다.

매는 한 모습이 아니다

가정 폭력은 안 된다. 제제에게도, 하인리히에게도 매는 영혼을 파괴하는 폭력이다. 개망나니 아들에겐 매를 들어야 했으나 그리 하지 않았기에 집안이 망한다. 굴종과 비겁에 찌든 아이들을 향한 매는 용기 있게 정의를 추구하라는 격려였다. 라다크에서 매는 아이에게 위험을 가르치는 긴급구제 수단이었다. 물론 라다크 양육에서 핵심은 매가 아니라 안정된 공동체가 주는 드넓은 사랑이다.

매는 상황과 조건에 따라서, 매를 드는 사람이 지닌 뜻과 정서에 따라서, 아이들 상태에 따라서 전혀 다른 뜻을 지닌다. 그런데 이제까지 살펴본 책 속에 등장하는 매는 폭력과 훈육을 나누는 경계, 나쁘고 좋음을 나누는 경계가 선명하다. 특히 문학 작품에 나오는 매는 좋고 나쁨을 구별하기 어렵지 않다. 작가가 행위 당사자 내면이나 상황을 상세히 언급하거나, 좋고 나쁨을 판단할 근거들을 제시해주기 때문이다.

안타깝게도 현실은 다르다. 현실에서 부모가 드는 매, 아이들이 마주하는 매가 진정으로 좋고 나쁜지 구별하기는 쉽지 않다. 참 훈계를 위해 어쩔 수 없이 매를 드는지, 부모 내면에 쌓인 상처나 정서 불안정 때문에 매를 드는지, 징벌을 하겠다는 의도와 복수심에 붙잡혀 매를 드는지 알기 어렵다. 매를 든 뒤에 코나투스가 늘었는지 줄었는지 판단하기도 어렵다. 현실은 복잡하고 선과 악이 애매모호한 경우가 비일비재하다.

매보다 무서운 폭력들

'과잉 행동'이 지적당하기 쉽듯이 '과잉 부모'도 지적당하기 쉽다. 통제력을 잃은 부모들은 아이들에게 소리를 지르고, 욕을 하고, 질책하고, 엄격하게 굴고, 매를 들기도 한다. 과잉 행동을 하는 부모들은 잘 드러나기 때문에 문제 부모로 쉽게 낙인찍힌다. 모난 돌이 정을 맞는 이치다. 과잉 부모는 자책감도 심하다. 자신이 감정을 잘 통제 못해서, 심한 욕이나 비난으로 인해 아이가 상처받았을까 봐 걱정한다.

'과소 부모'는 다르다. '과소 행동'을 하는 아이처럼 과소 부모도 잘 드러나지 않는다. 과소 부모는 아이들이 제멋대로 굴어도 방치한다. 문제가 생기면 침묵으로 일관하며, 좋은 게 좋다고 넘어가려 하고, 관계에 적극 나서지 않는다. 책임지는 일을 벌이려 하지 않고, 원하는 게 있어도 정확히 말하지 않고, 뒷말로 상대를 조정하려 하고, 아이가 잘못

부모의 딜레마, 매

되면 그 책임을 배우자나 다른 사람에게 떠넘긴다. 겉으로 드러난 표현과 속마음이 달라서 무슨 의도인지, 무엇을 원하는지 알기 어렵다. 과소 부모는 겉으로 보기에는 착하다. 흠이 드러나지 않기 때문에 비난을 받지도 않는다. 자책감도 없다. 자신은 착하고, 순수하다고 철썩 같이 믿는다.

과잉 부모 밑에서 자란 아이들이 폭력 성향이 고조되고, 감정 조절을 못하는 단점을 드러내는 반면, 과소 행동 부모 밑에서 자란 아이들은 눈치를 보고 자기 감정을 드러낼 줄 모른다. 다른 사람을 사랑할 줄 모르고, 진실한 인간관계를 맺기보다 감정 놀음에 능숙하게 된다. 뒤에서 사람을 조정하고, 일을 벌이지만 책임은 지지 않으려 한다. 다른 사람이 책임을 묻는 걸 끔찍이 싫어해서 자신을 방어하는데 온 힘을 쏟는다. 사랑할 줄 모르고, 사랑받을 줄도 모른다. 이런 과소 부모 밑에서 자란 아이들은 과잉 부모 밑에서 자란 아이들보다 어떤 면에서는 훨씬 심각하다. 과소 부모는 책임지기 싫어하기에 적당히 행동하고, 적당히 방치한다. 방치도 폭력이다. 방치는 어떤 면에서는 겉으로 드러난 폭력보다 훨씬 잔인하다. 방치는 눈에 드러나지 않게 더 큰 해를 끼치기 때문이다.

영국 정부는 자녀에게 사랑과 애정을 주지 않는 방식으로 감정 학대를 할 경우 처벌을 하는 신데렐라 법(Cinderella Law)을 추진한다. 현재는 부모가 고의로 폭력을 가하거나 고통과 상처를 방치했을 때에 한해 처벌하지만,

신데렐라 법은 아동에게 육체, 지능, 감정 등에 고의로 피해를 주는 모든 행위를 범죄로 규정한다. 이 법에 따르면 아이를 장기간 무시하고 사랑을 베풀지 않아서 감정 발달에 피해를 주는 행위도 범죄에 해당한다.

– 연합뉴스. 英, 자녀에게 '감정적 학대' 가하면 최고 10년 형. 2014.3.31

영국 정부가 사랑을 주지 않는 행위를 가정 폭력 범주에 포함하려는 뜻은 뚜렷하다. 사랑을 주지 않는 행위도 고의로 자녀를 폭행하는 행위와 마찬가지로 아이에게 큰 상처를 주기 때문이다. 물론 '신데렐라 법'을 실제로 적용하는 데는 많은 어려움이 따르고, 혼란도 벌어지겠지만 이 법을 도입하는 취지와 정신은 타당하다. 직접 매를 들거나, 사랑을 주지 않는 행위만 폭력은 아니다. 폭력은 다양한 얼굴을 하며, 우리가 폭력이 아니라고 믿는 행위도 폭력인 경우가 비일비재하다. 이제 폭력이 아닌 듯 보이지만 실제로는 무시무시한 폭력인 사례들을 살펴보자.

(1) 훈계 포기도 폭력이다

예의를 갖춰야 할 모임에 간 적이 있다. 중요한 자리고 나이 지긋한 어른들도 많았기에 다들 한마디 말도 조심했다. 그 자리에는 부모를 따라서 온 아이들도 몇몇 있었다. 대부분 얌전하게 굴었는데 그 중에 중학생으로 보이는 두 세 아이들이 모임에 방해가 되는 행동을 자꾸 했다. 행사를 크게 방해할 정도는 아니었지만 거슬렸다. 나뿐 아니라 많은 이들이 얼굴을 찌푸렸다. 그러나 그 부모는 아무런 조치를 취하지 않았다.

보다 못해 근처에 있던 다른 어른이 나서서 애들을 나무라고 조용히 시켰다. 아무런 조치도 취하지 않은 부모가 한심스러웠다. 예의 없는 아이들, 그런 아이들을 가르치지 않는 부모, 모두 안타깝고 실망스러웠다.

많은 부모들이 아이가 잘못된 행동을 하는데도 나무라지 않는다. 공공장소에서 예의를 갖추지 않는데도, 어른들에게 버릇없이 구는데도, 생활이 엉망인데도 그냥 내버려둔다. 잘못된 길로 빠져드는데 아무런 조치를 취하지 않는 것은 사랑이 아니다. 「벙어리 삼룡이」에서 아버지는 잘못된 길로 가는 아들에게 적절한 훈계를 하지 않고 내버려 두었다. 그로 인해 아들은 성격이 모나고 삐뚤어져 사람들 비난을 받았고, 결국 죽음을 맞는다. 아버지는 매를 들어야 할 때 매를 들지 않음으로써 아들을 비난받게 만들었고, 죽음에 이르게 했다.

아이 때 작은 매로 끝났을 일이 제때 훈계를 하지 않음으로 인해 성인이 되어 엄청난 비난과 처벌을 당해야 했다. 직접 폭력을 가하지는 않았지만 어른이 되어 무지막지한 폭력과 비난을 당하도록 방조했으니 폭력도 이런 폭력이 없다. 「벙어리 삼룡이」에서 아버지는 아들에게 단한 번도 매를 대지 않았으나 실은 가혹한 폭력을 행사했다. 겉으로는 늘 온화하고 너그럽게 대했으나 사실은 세상에서 가장 무지막지한 폭력을 휘둘렀다. 때리지 않는다고, 온화한 얼굴로 대한다고 다 좋은 게 아니다. 때로는 웃는 얼굴이 가장 무자비한 폭력이 되기도 한다.

⑵ 불통도 폭력이다

어딜 가나 휴대전화다. 심지어 집에서 자기 방에 있는 아이에게 '밥 먹으로 오라'고 메시지를 보내는 가족도 있다. 심각한 이야기를 하는데 휴대전화 쳐다보느라 이야기에 귀를 잘 기울이지 않는 사람은 헤아릴 수 없이 많다. 내 진심을, 내 괴로움을 들어주지 않는 상대, 그런 사람은 나와 같은 공간에 머물지라도 나와 함께 있는 사람이 아니다. 내 마음을 들어주지 않는 사람은 나를 무시하는 사람이다. 무시는 인격을 깔아뭉 개는 짓이며, 인격을 깔아뭉개는 행위는 폭력이다.

아내가 남편에게 고민을 털어 놓는다. 아이를 키우면서 힘들었던 상황, 친구 관계에서 빚어지는 문제, 직장과 육아를 병행하면서 오는 고통, 시댁에서 받는 스트레스, 남편에 대한 불만사항 등을 털어놓는다. 가만히 듣던 남편은 이렇게 말한다. "그래서 나보고 어쩌라고?", "그건 이렇게 하면 되고, 저건 이렇게 하면 돼!" 그런 말을 들으면 아내는 크게 실망하고, 때로는 분노한다. 만약 아내 본심을 제대로 살펴 들었다면 남편 입에서 그런 말이 나올 수 없다. '나보고 어쩌라고' 하며 책임을 회피하는 말도, 공감 없이 내뱉는 성급한 해결책도 아내에게 상처를 주고, 사랑에 금이 가게 한다. 마음에 상처를 주는 행위가 폭력임은 두말할 나위가 없다.

남편은 힘들다. 심한 경쟁에 치여 살기가 힘들다. 직장 상사 눈치를 보느라 살기 힘들다. 아래에서 치고 올라오는 부하 직원들과 경쟁하기도 벅차다. 가족과 더 많은 시간을 보내고 싶지만 여건이 안 된다. 며칠이라도 푹 쉬며 여유를 누리고 싶지만 불가능하다. 힘들다. 아내가 내 힘겨움을 알고 위로해주면 좋겠는데 잔소리부터 늘어놓는다. 돈에, 아이에, 시댁에 대해 마구 불만을 쏟아낸다. 위로받지 못한 남편은 깊은 상처를 받는다. 아내는 그저 잔소리밖에 안 했지만 남편에게 폭력을 가했다.

자식 교육 때문에 아내가 힘들어하는데 남편이 마음을 안 쓴다면 그것은 폭력이다. 아이가 학교에서 괴로운 일을 많이 당하는데 그 힘겨움을 받아주지 않는다면 그것은 폭력이다. 사랑한다고 말은 해 놓고 사랑을 보여주는데 인색해서 실망을 안긴다면 그것도 폭력이다. 정신에 큰 상처를 주는 모든 행위는 의도가 개입하든 안 하든 폭력이다.

⑶ 수동 공격도 폭력이다

우리 사회는 착한 아이 노릇을 하는 사람이 참 많다. 남에게 싫은 소리 못하고, 불만이 있어도 말하지 않으며, 뒤에서 잘 따르고, 남이 화를 낼 때도 같이 싸우지 않고 부드럽게 넘어가려는 사람들이 바로 착한 아이 노릇을 하는 사람들이다. 완전한 깨달음을 얻거나 원래 품성이 순해서 착하게 지낸다면야 아무런 문제가 없겠지만, 대부분은 사회가 알게 모르게 강제하는 틀 때문에 착한 아이처럼 살도록 길들여진다. 만약 착한 아이로 사는 삶에 길들여졌다면 겉모습과 달리 속에서는 알게 모르게 화와 불만이 쌓인다. 화와 불만을 겉으로 쏟아내면 숨통이 열리면서 화와 불만이 줄어든다. 김이 가득찬 그릇에서 김을 빼주면 압력이 낮아지는 이치와 같다. 그러니 착한 아이로 사는 사람들은 반드시 스트레스를 풀어야 한다. 분출구가 있어야 한다.

안타깝게도 많은 사람들이 김을 빼지 않고 속에 가득 쌓아둔다. 사람이 화와 불만을 가득 안고 살 수는 없다. 가득 찬 압력을 풀어내지 않으면 그릇은 결국 폭발하고 만다. 그런데 착한 아이 노릇을 하는 사람들은 대놓고 화를 내지 못한다. 대놓고 화를 내면 자신을 지탱해 왔던 착한 사람 포장지가 갈기갈기 찢어지기 때문이다. 더는 자신이 착한 사람이 아니라는 낙인이 찍히면 존재감 자체가 무너지는 괴로움을 겪는다.

착한 사람 노릇을 포기하기는 싫고, 속에 쌓이는 불만과 화는 풀어야 할 때 사람들이 취하는 방식이 '수동 공격'이다. 수동 공격은 언어 형태보다 비언어 형태로 표출되는 경우가 많다. 불만이 있는 게 분명한데도 말하지 않는다. 툭하면 입을 꾹 다문다. 말을 하더라도 불만을 직접 전달하지 않고 주변부만 건드려서 무엇이 불만인지 헷갈리게 만든다. 내가 말하지 않아도 내 심정을 잘 알아서 조치를 취해야 한다는 메시지를 끝없이 드러낸다. 그래도 불만이 해결이 안 되면 이유 없이 몸이 아프다. '내가 아픈데 네가 돌봐주지 않으면 너는 나쁜 사람'이라는 말없는 압력을 가한다. 수동 공격을 받는 상대는 이유도 모르고 불쾌하고, 찜찜하고, 괴롭다.

수동 공격을 하는 사람들은 상대방이 자신을 알아서 챙겨주길 바란다. 안타깝게도 그 목적은 달성하기 어렵다. 말하지 않아도 알아채는 사이란 영화나 드라마에서나 흔하지 일상에서는 별로 없다. 결국 수동 공격을 하는 사람들은 자신은 착한 사람, 상대방은 나쁜 사람으로 만들어 버린다. 자신은 희생자요, 상대는 공격자다. 모르는 사람이 보면 수동 공격을 하는 사람은 착한 사람이고 반대편은 나쁜 사람처럼 보이지만 실제로는 그 반대다. 상대를 근거 없이 나쁜 사람으로 만들고, 이유 없이 불안하게 만드는 수동 공격, 이보다 더한 정신 폭력이 있을까?

⑷ 학습노동 강요도 폭력이다

우리나라는 세계에서 으뜸가는 아동 학습 강요 국가다. 학습이라기보다는 학습 '노동'이라는 표현이 적절할 정도로 가혹하게 공부를 시킨다. 아동에게 가혹한 노동을 시키는 행위는 국제법으로 금지되어 있다. 물론 우리나라 법에서도 금지다. 아동에게 노동을 강요하는 행위는 범죄이기 때문이다.

그런데 대한민국은 아동에게 지독한 학습 노동을 강요한다. 국가 차원에서 학습 노동을 제도화했다. 대한민국은 아동에게 국가 차원에서 폭력을 행사하는 잔인한 국가다. 남들이 다한다는 이유로, 세상 흐름에 어긋나면 안 된다는 이유로, 자식이 잘 되기를 바란다는 명분으로, 아동 학습 노동 강요 행위에 동참하는 부모들도 모두 아동 폭력을 저지르는 공범자들이다.

매를 드는 부모들은 그렇지 않은 부모나 인권운동가들에게 비난을 받기 쉽다. 매를 드는 행위가 비판받을 근거는 다양하며, 타당한 비판인 경우도 많다. 그러나 한편으로 이러한 비난은 매우 부당하다. 매를 좋지 않게 여기는 부모들 가운데 훈계 포기, 수동 공격, 불통, 학습 노동 강요와 같은 폭력을 행사하는 이들이 꽤 된다. 아이들도 수동 공격, 불통, 배신과 같은 방법으로 부모에게 폭력을 가한다. 우리가 폭력이 아니라고 믿는 행위가 때로는 폭력이기도 하며, 우리가 폭력이라 여기는 행위가 어떨 때는 가장 큰 사랑이기도 하다. 참된 진리는 겉모습으로만 알기가 매우 어렵다.

상처를 주면 안 되는 걸까?

명백히 폭력을 가했는데도 '육체와 정신'에 생채기를 입지 않았다면 폭력은 비난 받을 까닭이 없다. 무협지에 나오는 '금강불괴지신(어떤 공격에도 상처 하나 입지 않는 신체)'이라면 그 몸에 가해지는 폭력은 폭력이라 부르기 어렵다. 죽어가면서도 아무런 저항도, 복수심도 품지 않았던 앙굴리말라에게 폭력은 아무런 상처를 입히지 못했다. 앙굴라말라를 때리는 사람은 폭력을 행사했을지 몰라도 앙굴라말라에게 폭력이란 존재하지 않는다.

폭력으로 받은 상처가 문제가 되는 까닭은 상처가 씻을 수 없는 아픔과 질곡을 만들기 때문이다. 특히 가정 폭력은 씻을 수 없는 어둠을 만들어낸다. 어린 시절 폭력에 노출되면 그 영향은 평생 간다. 어린 시절 당한 폭력으로 인한 상처는 인생 전체를 좀먹는 바이러스다.

폭력은 신체와 정신에 상처를 남기고, 상처는 내면에 어둠을 만들어 삶을 불행하게 한다. 폭력이 나쁜 이유는 삶을 불행하게 만들기 때문이다. 그런데 정말 정신적 상처가 과연 행복한 인생을 가로막는 방해꾼 역할만 할까? 정신적 상처가 좋은 영향을 끼치는 경우는 전혀 없을까?

> 중상과 모략 등 온갖 수단으로 나를 괴롭히고 헐뜯고 욕하고 괄시하는 사람보다 더 큰 은인은 없으니, 그 은혜를 갚으려 해도 다 갚기 어렵거늘 하물며 원한을 품는단 말인가? 칭찬과 숭배는 나를 타락의 구렁으로 떨어뜨리니 어찌 무서워하지 않으며, 천대와 모욕처럼 나를 굳세게 하고 채찍질하는 것이 없으니 어찌 은혜가 아니랴? 항상 남이 나를 해치고 욕할수록 그 은혜를 깊이 깨닫고, 나는 그 사람을 더욱더 존경하며 도와야 한다. 이것이 공부하는 사람(수행자)의 진실한 방편이다.
>
> – 성철 스님

성철 스님은 중상, 모략, 괴롭힘, 욕, 괄시, 천대, 모욕을 은혜로 받아들였다. 더 깊게 수행을 닦도록 도와주는 보물 같은 은혜로 여겼다. 아마도 스님은 누가 자신에게 정신적 상처를 입힌다면 고맙다고 절을 했을 게 분명하다. 「논어」에서 '질책을 받으면 반가워하라'는 말이 있는데, 스님의 가르침과 일맥상통한다. 상처를 은혜로 탈바꿈시키는 능력이 성철 스님과 같은 분들만 가능한 것은 아니다.

부모의 딜레마, 매

허리케인 카트리나가 뉴올리언스를 덮쳤을 때, 멕시코 만 연안 전역에서 친척이나 이웃, 혹은 생면부지 타인들이 손을 내밀고, 인근 지역과 멀게는 텍사스에서 보트를 소유한 수많은 사람들이 뉴올리언스로 달려와 고립된 사람들을 구조한 덕분에 수천 명이 목숨을 건졌다. …… 지진이나 폭력, 태풍이 닥치면 사람들은 대부분 이타심이 발동해 자기 자신과 가족, 친구와 사랑하는 사람들뿐 아니라 타인과 이웃들을 보살피는 데 적극 참여한다. 재난이 닥쳐오면 인간은 이기적으로 돌변하고 공황에 빠지거나 야만적인 모습으로 퇴보한다는 관점은 그다지 사실이 아니다.…… 대재난을 당했을 때 주로 가장 나쁜 행동을 보이는 사람들은 남들이 분명 야만적으로 행동할 것이므로 자신들은 야만적 행위를 막으려는 방어 조치를 취하고 있다고 믿는 이들이다. …… 재난은 끔찍하지만 때로는 천국으로 들어가는 뒷문이 될 수 있다. 적어도 우리가 되고 싶은 사람이 되고, 우리가 소망하는 일을 하고, 우리가 형제자매를 보살피는 사람이 되는 천국의 문 말이다.

— 『이 폐허를 응시하라』(레베카 솔닛)

재난은 끔찍하다. 그러나 재난 상황을 실제로 연구한 '레베카 솔닛'은 대다수 사람들이 이타적인 행동을 한다는 사실을 밝혀냈다. 다른 사람이 이기적으로 행동할 거라고 믿는 소수는 끔찍한 짓을 저지르지만, 대다수 사람들은 평소에는 감히 상상도 하지 못했던 선한 행위들을 한다고 한다.

1980년 광주에서 시민들이 계엄군을 몰아내고 맞았던 평화 시기에 광주 시민은 완벽한 질서와 이타심을 보여주었다. 재난상황인데, 끔찍한 비극이 벌어졌는데, 광주 시민들은 이기심이 아니라 이타심을 발휘했다. 불가사의한 일이다. 2014년 세월호 참사가 발생하자 대다수 국민들이 내 가족 일처럼 가슴 아파했다. 2007년에 태안 기름 유출사고가 발생하자 수많은 자원봉사자들이 현장으로 달려가 봉사를 했다. 레베카 솔닛이 한 말처럼 재난은 지옥을 통과해 도달하는 천국이 되기도 한다. 물론 사람을 믿는 사람들에게만.

'재난이 지옥을 통과해 도달하는 천국'이라면 '상처도 지옥을 통과해 도달하는 행복'이 될 수 있지 않을까? 우리들이 가정이나 학교에서 생활하면서 받는 상처가 인생의 질곡이 되기도 하겠지만, 어떻게 받아들이고 어떻게 처리하느냐에 따라 축복이 될 수도 있다. 믿음이 가득했던 사람들은 재난을 축복으로 만들고, 성철 스님은 비난과 상처를 수행의 밑거름으로 삼았듯이 상처도 축복이 될 가능성은 충분하다. 반면에 상처받지 않은 삶이 꼭 행복으로 이어지리란 보장도 없다. 의도하지 않게 상처받지 않은 삶이 좌절을 겪게 만들기도 한다.

이제 지금부터 소개하려는 사연은 상처가 우리 예상과 전혀 다른 결과를 빚은 경우다. 두 이야기 모두 실화다.

⑴ 행복한 유년시절이 꿈을 좌절하게 만들다

L선생은 어릴 때 끔찍한 고통을 겪었다. 말로 형언하기 어려운 상처

를 입고 힘들게 성장했다. L선생은 아픈 상처를 딛고 외국 유학까지 다녀와서 상담가가 되었다. L선생은 자식에게 상처를 물려주지 않기 위해 애썼다. 자식을 사랑하는 본바탕에 심리학 이론까지 곁들였으니 L선생의 자식은 큰 상처없이 행복하게 성장했다.

아들은 아버지를 존경했고, 사랑했다. 아버지처럼 되고 싶었다. 자신도 다른 사람의 아픔을 치유하는 사람이 되고 싶었다. 그래서 상담가가 되고자 했다. 어려서부터 사랑을 많이 받으며 컸기에 상담 공부도 수월했다. 이론은 탄탄했다. 상담을 했다. 그런데 문제가 생겼다. 머리로는 이해되는데 가슴은 그렇지 않았다. 내담자가 받는 고통이 무엇인지는 알겠는데, 가슴에는 울림이 없었다. 상담을 하러 온 사람들의 고통을 냉정하게 분석하는 능력은 갖췄지만, 가슴으로 고통을 함께 느끼며 위로하고, 치유하는 힘을 불러일으킬 수가 없었다. 아픈 경험이 없었기 때문이다.

씨앗은 썩어서 열매를 맺고, 상처 입은 인간이 깨달음과 구원을 갈구하는 법이다. 상당수 위인들은 열등감, 우울증, 집착증과 같은 상처를 안고 살았다. 고통과 괴로움을 응어리처럼 안고 살았다. 상처가 예술혼을 깨우고, 창의력을 자극하며, 리더십을 발휘하는 원천이 되었다. 상처받지 않은 사람은 다른 사람의 상처를 보듬어 주기 어렵다. 상처를 입고, 괴로움을 겪어 본 사람이 다른 사람 상처에 더 잘 공감한다. 상처받은 이들이 다른 사람 상처를 잘 위로하는 작품을 남기고, 상처 받은 이들을 더 잘 이끈다.

L선생의 아들은 행복했다. 좋은 아버지 밑에서 행복하게 성장했다. 그러나 그 행복이 자신이 꿈꾸던 일을 가로막는 장벽이 되었다. 좋은 일은 나쁜 일이 일어나는 원인이기도 하며, 나쁜 일로 인해 좋은 일이 벌어지기도 한다. 그래서 상처를 무조건 나쁘다고, 상처는 인생에서 제거해야 할 암으로만 여길 까닭은 없다.

(2) 지옥 같던 청소년기가 푸르른 에너지가 되다

K는 지옥 같은 청소년기를 보냈다. 가출과 폭력과 게임과 반항은 K가 산 십대를 상징하는 말들이었다. 어둠 속에서 청소년기를 보내면서 세상과 가족과 자신을 저주했다. 그리고 K는 게임 중독자가 되었다. 게임을 하는 순간은 천국이었고 그 쾌락을 만끽하며 살았다. 게임을 위해 부모님 지갑을 몰래 열고, 힘없는 애들한테 돈을 빼앗았으며, 그러다 나쁜 짓이 들통 나서 얻어맞으면 집을 나와서 며칠이고 들어가지 않았다.

지독한 방황과 피고름 내 풍기는 십대를 통과했다면 인생이 엉망이 되었으리라 짐작하겠지만, 예상과 달리 K는 완전히 다른 사람으로 바뀌었다. K는 현재 청소년 상담가로 활동한다. 게임중독에 빠져 나쁜 짓을 밥 먹듯이 하고, 툭하면 가출을 일삼고, 가정폭력을 당하던 K는 바로 그런 상황에 빠진 청소년들을 만나 공감하고 잘 헤아린다. K에게는 끔찍한 십대였지만, 그 지옥 같던 십대가 현재 고통 받고 있는 십대들에게 바른 길을 말해 줄 수 있는 힘이 되고 있는 것이다.

끔찍한 청소년에서 유능한 상담가로 탈바꿈하는 과정이 결코 쉽지

부모의 딜레마, 매

는 않았다. 많은 행운이 있었다. 그렇기에 K와 같은 사례를 일반화하기는 어렵고 위험하다. 가정폭력이 지닌 심각함을 희석하는 나쁜 사례로 활용될 수 있기 때문이다. 그러함에도 K를 보면서 성철 스님이 한 말씀을 되새기는 것은 의미가 있다고 본다. 삶은 신비로 가득하며, 현재 고통이 미래에 어떤 결과로 이어질지는 사람이 지닌 재주로는 헤아리기 힘든 법이다. 물론 결과가 좋다고 해서 K가 당한 폭력이 좋은 일로 미화되어서는 안 된다.

*　*　*

우리는 상처를 주면 안 된다고 믿는다. 그러나 단단한 삶을 살려면 때로는 상처도 입어야 한다. 나무에 옹이가 생기면 더 단단하고 튼튼해진다. 상처는 예방 주사다. 작은 감기는 큰 병을 막아주는 힘을 키워준다. 사람은 다들 상처를 주고, 상처를 받으며 살아간다. 가족 사이에도 마찬가지다. 상처를 주고받는다 해서 그러한 인간관계를 비극으로만, 끔찍한 관계로만 여길 이유는 없다. 우리는 서로 상처도 주지만 사랑도 준다. 상처는 삶을 이루는 한 부분이다. 때로는 고통이 행복보다 인생을 더 가치 있게 만들며, 고통이 축복을 안겨주기도 한다. 레베카 솔닛은 '재난은 지옥을 통과하고 여는 천국의 문'이라고 말했다. 어쩌면 살아가면서 받는 상처는 천국의 문에 이르기 위해 거쳐야 하는 지옥이 아닐까?

도둑놈을 세상에 내보내지 않겠다

04

어릴 때 나는 아버지께 딱 한 번 엄청나게 매를 맞았다. 도둑질을 했기 때문이다. 그때 매를 맞던 장면은 아직도 생생하다. 나는 집안 곳곳에 있는 돈을 찾아내 몰래 과자를 사먹었다. 1970~80년대 시골 마을에서 과자는 낯설고 신선한 탐욕의 대상이었다. 큰돈은 무서워서 못 건드리고 작은 돈을 계속 훔쳤다. 그러다 걸렸다.

마당 한복판에서 아버지는 "도둑놈을 세상에 내보내지 않겠다." 하며 매질을 하셨다. 빗자루 몽둥이로 내 다리를 부러뜨릴 기세로, 진짜 부러뜨려서 세상에 나가지 못하게 하겠다는 기세로 매질을 하셨다. 울면서 몇 대 맞은 나는 견디지 못하고 엄마 품을 찾아 도망쳤고, 엄마는 내게 안전한 피난처를 제공해 주셨다. 아버지는 엄청 화를 내며 야단을 쳤고, 나는 엉엉 울면서 잘못했다고 빌었다. 그러면서도 엄마 품에서

부모의 딜레마, 매

절대 벗어나지 않으려고 치마 품으로 파고들었다. 그 품이 준 따스함을 나는 아직 잊지 못한다.

평상시 단 한 번도 큰 소리로 야단을 치지 않고 조용히 말씀으로만 타이르던 아버지가, 내 생활에 대해선 묵묵히 지켜보기만 하고 바른 예절과 품성만 강조하던 아버지가, 가정에서 큰 소리 한 번 내지 않고 성실히 가장이란 자리를 꿋꿋이 지키던 아버지가, 가난한 집을 꾸려가기 위해 새벽부터 밤중까지 들과 산에서 성실히 일만 하던 아버지가, 내게 내리는 첫 매요, 우리 집에서 처음 나는 큰소리였기에 내가 받은 충격은 매우 컸다.

절제하되 단호한 매에 담긴 사랑

아버지는 크게 화가 나셨음에도 내 몸을 함부로 때리지 않았다. 나는 바지를 걷어 올려서 잡고 마당 한 가운데에 똑바로 서 있어야 했다. 아버지는 매섭게 매를 휘두르면서도 결코 다른 곳은 건드리지 않았다. 그때는 몰랐지만 이제와 생각해 보니 행여 몸에 깊은 상처나 흉터가 남을지도 모른다는 걱정에 다른 곳은 일절 때리지 않으셨던 것이다. 머리를 쥐어박지도, 등짝을 때리지도 않았다. 때려도 가장 안전한 곳, 때려도 핏줄만 터질 뿐 신체 기관에 전혀 해를 주지 않을 곳, 종아리에만 매를 대셨다. 두껍디두꺼운 빗자루 몽둥이는 정확히 내 종아리로만 떨어졌다.

　몇 대 맞고 도저히 견디지 못한 내가 엄마 품으로 파고들었을 때, 아버지는 매를 휘두르지 않았다. 엄마나 내가 아버지 완력을 당해낼 수 없었음에도 아버지는 완력으로 나를 잡아당기지 않았다. 다만 추상같은 말씀만 단호히 내리셨다. 아버지는 엄마를 존중하셨다. 엄마가 아들을 보호하려는 모성을 인정하셨다. 나는 엄마 품에서 단단히 보호를 받으며 아버지에게 준엄한 꾸지람을 들었다. 아버지 말씀에 벌벌 떨면서도 어머니 품에서 안전함을 느꼈다.

　"도둑놈을 세상에 내보내지 않겠다." 하시는 불호령과 "다리몽둥이를 부러뜨려 버리겠다." 하신 아버지 말씀은 진심이었다. 아버지는 지극한 정성과 사랑, 50년 삶으로 쌓아올린 가치관을 담아서 막내아들에게 가르침을 내리신 것이다. 아버지 가슴에 흐르는 피눈물을 감추며 사랑을 주셨다. 나는 매를 맞는 순간에 아버지께 폭력을 당한다는 생각은 눈곱만치도 하지 않았다. 그 뒤로 오랜 시간이 흘렀지만 나는 단 한 번도 아버지 매에 담긴 진실한 사랑을 의심해 본 적이 없다.

　단언컨대 나는 아버지 때문에 큰(!) 나쁜 놈이 되지 않았다. 그리고 진심으로 아쉽다. 아버지가 더 많은 매를 들어 내 잘못된 품성과 인성을 고쳐주셨다면 지금보다 훨씬 더 괜찮은 삶을 살았을 거라고 확신하기 때문이다. 아버지는 내게 단 한 번만 매를 드셨다. 한 번뿐인 매였지만 그 매는 내 가슴 깊은 곳에 새겨졌다. 내가 다시 어린 시절로 돌아간다면 아버지께 더 많은 매를 내려주시라고 부탁드릴 것이다. 내 부탁을 받아도 아버지는 함부로 나를 때리시지 않을 것이다. 당신이 판단하기에 가장 필요한 때에, 필요한 매를, 필요한 만큼만, 진심을 담아, 매를 내리실 분이었다. 그러기에 어긋난 나에게 매를 내려주실 아버지가 없다는 사실이 참으로 슬프다.

그때 아버지가 내리셨던 매가 내게는 큰 사랑이었다. 그 어떤 사랑보다 크신 사랑이었다. 그 어떤 표현법보다 진한 사랑 표현이었다. 그때 날 매섭게 때리며 도둑놈이 되지 않게 만들어주신 아버지께 감사드린다. 그리고 날 사랑으로 보듬어주며 내 울음을 달래주신, 두려움에 떠는 나를 보호해주신 엄마에게도 감사를 드린다. '사랑의 매는 없다', '꽃으로도 때리지 말라'는 말은 내 경험에 비춰보면 일부만 진실이다. 진심이 담긴 매는 고귀한 사랑 없이는 불가능하다.

아버지가 주신 가르침을 아들에게 주리라

사랑과 인생을 담아, 뼈를 깎는 눈물을 삼키며 부모가 자식에게 내리는 매는 폭력이 아니다. 진심과 안타까움과 준엄한 가르침을 실어 내리는 매는 육체에 고통을 줄지언정 병을 주지 않는다. 육체에 잠깐 상처를 줄지언정 영혼과 정신에는 상처를 주지 않는다. 오히려 반대다. 부모가 내리는 진심어린 매는 어긋나려는 정신을 바로 세운다. 영혼이 자기 본 모습을 잃지 않게 해준다.

그날 내가 맞은 매는, 아버지의 삶과 정성과 사랑과 피눈물이 담겼던 그 매는, 내 무의식 깊은 곳에 자리 잡아 나를 꾸짖는다. 그 꾸짖음이 생생할 때 나는 최대한 정직하게, 세상에 해가 되지 않는 삶을 살기 위해 나를 다잡는다. 반면에 그 꾸짖음이 흐려질 때 나는 내 견해만 앞세우고, 작은 사익을 앞세우는 치졸함을 보인다. 잘못된 길로 갈 때마다 문득문득 아버지 손에 들린 매가 나를 후려친다. 내 무의식에 강력한 메시지를 보낸다.

"도둑놈을 세상에 내보내지 않겠다."

나도 내 아들의 아버지다. 정확하게 말하면 아버지가 아니라 아직은 아빠일 뿐이다. 나는 아버지를 단 한 번도 아빠로 불러 본 적이 없다. 반면에 내 아들은 나를 아버지라 부른 적이 없다. 아버지는 내게 언제나 든든한 나무 같은 분이었다. 아버지가 16년 동안 병을 앓으시며 고통받으실 때 든든한 나무가 뿌리 채 흔들리는 듯해서 몹시 괴롭고 힘들었다.

돌아가신 뒤부터 지금까지 아버지는 무의식 속에서 내게 "너는 네 아들에게 어떤 아버지로 살 것이냐?"고 늘 물으신다. 아직 제대로 된 답을 찾지 못했다. 그럴만한 인격도 되지 못했다. 그저 고민하고, 방황하고, 좌충우돌 실수만 거듭하고 있다. 아버지로 사는 길이 무엇인지 아직도 잘 모르겠지만 최소한 나는 아버지가 주신 진정한 가르침만은 내

아들에게도 꼭 가르쳐 주리라 마음먹었다.

"도둑놈을 세상에 내보내지 않겠다."

아버지가 내게 주신 이 가르침에 내가 아들에게 가르쳐야 할 모든 것이 담겨 있다고 난 믿는다. 세상에 빛이 되는 자식으로 키워내지는 못할지라도 사람들에게 해악이 되는 자를 세상에 내놓아서는 안 된다.

공부를 잘하든 못하든, 운동을 잘하든 못하든, 자기 꿈을 향해 나아가든 못하든, 유명한 사람이 되든 못되든, 돈을 많이 벌든 못 벌든, 동성애자로 살든 이성애자로 살든, 정규직이 되던 비정규직이 되든, 나는 전혀 상관 하지 않을 것이다. 그 어떤 형태로 살든 그것은 스스로가 감당해야 할 몫이다. 아비가 되어 자식이 자기 꿈을 펼치도록 도움은 주겠지만 그 이상은 간섭하지도, 책임지지도 않을 것이다.

그러나 내 자식이 세상에 해악을 끼치는 사람이 되는 것은 용납할 수 없다. 결단코 허락하지 않을 것이다. 그게 바로 아버지가 내게 단 한 번뿐인 매를 통해 주신 귀한 가르침이다. 내 아들이 만약 세상에 해악을 끼치는 인간이 되려 한다면 나는 아버지가 내게 하셨듯이, 내 온 삶과 가치를 담아, 내가 내 몸처럼 아끼는 내 아들 몸에 단호하게 매를 내릴 것이다. 조금도 망설이지 않고!

나는 그것이 진정한 사랑이라고 믿는다.

: 4부 :

참 어른,
참 가르침

가정에 어른이 없다

나는 오랜 시간 십대들을 만나왔다. 부모에게도, 학교나 학원 선생님에게도, 친구에게도 털어놓지 않는 비밀스런 얘기도 많이 들었다. 가족 사이에 숨겨진 비밀도 많이 들었고, 싸운 이야기, 연애 이야기, 속상한 이야기도 숱하게 들었다. 아이들은 부모님과 사이에서 벌어지는 나쁜 이야기도 많이 털어놓는다. 그 덕분에 나는 부모들 눈이 아니라 아이들 눈으로 본 다른 집 가정사를 꽤나 많이 알게 되었다. 물론 입 밖으로 내지 않는다. 비밀이 지켜질 걸 알기에, 자기편을 들어주는 걸 알기에 아이들은 나를 만나면 속 이야기를 많이 한다.

아이들은 부모와 빚는 갈등을 말하면서 "엄마와 싸웠다."는 표현을 종종 쓴다. 엄마와 싸웠다! 다른 누구도 아닌 엄마와 싸웠다니, 정말 싸웠을까? 싸웠다는 표현은 엄마들과 나누는 대화에서도 종종 등장한

부모의 딜레마. 매

다. "애랑 싸웠어요." 애랑 싸웠다! 애랑 싸웠다? 아이와 엄마가 정말 싸웠을까?

싸우다[동사] : 말, 힘, 무기 따위를 써서 서로 이기려고 다투다.

서로 이기려고 다투는 행위가 싸움이다. 말과 힘과 무기를 써서 승리를 목적으로 하는 다툼이 싸움이다. 엄마와 싸웠다는 말, 애랑 싸웠다는 말은 엄마와 자식이 승리를 위해 말과 힘, 또는 무기를 사용해 서로 겨루었다는 뜻이다. 가정에서 엄마와 아이가 의견이 달라서 갈등이 생기면 큰소리가 나고, 냉랭한 분위기가 형성된다. 이럴 때는 갈등하는 상태이지 흔히 말하는 싸우는 상태가 아니다. 싸움은 상대방을 짓누르고 자신이 승리하려는 시도지만, 가정에서 빚는 갈등은 적을 대상으로 한 승리가 목적이 아니기 때문이다.

싸운다는 표현은 흔히 엄마가 야단을 칠 때, 아이가 야단을 맞는 상황을 묘사할 때 등장한다. 엄마가 야단을 치는데 야단을 맞는 아이가 야단에 순종하지 않고 대들었을 경우를 아이들과 엄마들은 '싸움'이라 표현한다. 진짜로 아이와 엄마가 싸웠다면 그런 콩가루 집안이 없다. 엄마랑 싸운 아이를 흔히 우리는 '패륜아'라고 부른다. 집집마다 패륜아가 넘쳐나서 툭하면 '엄마와 싸웠다', '애와 싸웠다'는 말이 넘쳐나는 걸까?

당연히 그렇지 않다. '엄마와 싸웠다', '아이와 싸웠다'는 표현은 집에 어른과 아이의 경계가 없다는 증거다. 엄마가 지닌 권위를 인정하지 않기에 아이들은 아무렇지 않게 '엄마와 싸웠다'는 말을 쓴다. 엄마도 아이에게 자기 권위가 서지 않음을 알기에 '아이와 싸웠다'는 말을 아무렇지 않게 한다. '엄마와 싸웠다', '아이와 싸웠다'는 표현은 권위가 사라진 가정, 어른이 없는 가정이 많음을 보여주는 증거물이다.

어른이란 책임지는 사람이다

사전에서 어른을 검색하면 다음과 같다.

> 어른
> 1. 다 자란 사람. 또는 다 자라서 자기 일에 책임을 지는 사람.
> 2. 한 집안이나 마을 따위의 집단에서 나이가 많고 경륜이 많아 존경을
>   받는 사람.

사전에 따르면 우선 어른이란 '자기 일에 책임지는 사람'이다. 다 자란 사람이라고 해서 어른이라 하지 않는다. 책임지지 못하면, 책임지려 하지 않으면 어른이 아니다. 아이들은 자신이 벌인 일을 자신이 책임지지 않아도 된다. 유아기 아이들은 모든 책임을 부모가 지며, 청소년기 아이들은 상당한 책임을 부모가 나누어진다. 어른은 잘못이 생기면 책임을 오롯이 자신이 진다. 그 누구도 원망하지 못하고, 핑계 대지도 못

하며, 뒷감당도 자신이 해야 한다. 무책임은 아이들이 지닌 특권이다. 무책임하기에 아이들은 어른과 달리 천국에 더 가깝다. 책임은 무겁고, 삶을 힘들게 한다. 어른은 책임으로 인해 자유롭고, 또한 책임으로 인해 자유롭지 못하다.

> 내 책임이다. 내가 죽인 것이야! 이 조선에서 일어나는 모든 일이 내 책임이다. 꽃이 지고 홍수가 나고 벼락이 떨어져도 내 책임이다. 그게 임금이다. 모든 책임을 지고 그 어떤 변명도 필요 없는 자리, 그게 바로 임금이라는 자리다.
>
> — 드라마 〈뿌리 깊은 나무〉 중에서

세종대왕이 나라에 닥친 불행을 접하고 보인 반응이다. 참으로 놀라운 책임감이다. 어른이란 이런 분이다. 나라에서 벌어진 일이면 그 모든 책임을 느끼는 사람이 어른이다. 자신에게 아무런 잘못이 없어도 책임을 통감하고 안타까움을 느끼며 잘못을 해결하기 위해 애쓰는 사람이 어른이다.

아이가 잘못을 한다. 야단을 친다. 아이 잘못이라고 나무란다. 앞으로 다시는 이러지 말라고 가르친다. 보통 모든 책임을 아이에게만 떠넘긴다. 문제를 해결할 과제도 아이에게 넘긴다. 부모는 책임이 없다는 태도다. 이런 부모는 가정에서 어른이 아니다.

간혹 아이가 잘못하면 직접 나서서 모든 걸 해결해 버리는 부모들이 있다. 학교에서 일이 벌어지면 출동해서 모든 일을 처리하고, 아이 일에 사사건건 개입하여 자신이 다 결정한다. 심한 경우 아이가 사고를 치면 부모가 나서서 돈으로 해결해버리기도 한다. 이러한 행위는 책임감이 아니다. 아이들이 스스로 감당하고, 선택하고, 사죄할 기회를 빼앗는 행위이다. 그것은 간섭이고 어떤 면에서는 폭력이다.

책임진다 함은 부모가 제 역할을 다하는 것이다. 아이가 잘못했을 때 나무랄 일은 나무라고, 지지할 필요가 있으면 지지하며, 부모가 감당할 영역은 감당해주는 것이 책임이다. 아이 몫은 아이 몫으로 남기고, 부모는 부모 몫을 다해야 한다. 그리고 마음으로는 그 모든 책임이 자신에게 있음을 통감해야 한다. 물론 부모에게 책임이 있다 하여 모두 부모 잘못이라는 얘기는 아니다. 죄책감과 책임감은 다르다.

〈뿌리 깊은 나무〉에서 세종대왕이 조선에서 벌어지는 일이 모두 내 책임이라고 했다 해서 정말로 조선에서 벌어지는 모든 잘못된 일이 임금 때문에 일어나지는 않았다. 나쁜 일이 일어난 원인은 따로 있다. 세종대왕이 말하는 책임이란 문제를 해결하기 위해 최선을 다하겠다는 다짐이다. 내 책임이 아니면 방관하게 되기에 방관하지 않으려는 다짐이다.

어른이란 존경받는 사람이다

다음으로 어른이란 존경받는 사람이다. 풍부한 경험과 지혜로 아랫사람들에게 살아가면서 터득한 진리와 경험을 들려주어 모범으로 삼을 만한 분을 어른이라 한다. 아이들에게 어머니 아버지를 존경하느냐고 물어보면 뭐라고 대답할까? 좋아한다, 사랑한다는 답변은 흔하지만 진심어린 존경을 표하는 아이들은 별로 없다. 할아버지 할머니도 존경과 흠모를 받는 대상은 아니다.

엄마, 아빠, 할아버지, 할머니들이 아이들에게 어른으로서 이제까지 살아왔던 풍부한 경험과 지혜에서 우러나오는 이야기를 들려주지도 않는다. 그저 잔소리나 하고, 공부 열심히 하라고 구박만 한다. 공부 안하면 돈 많이 못 벌고, 돈 많이 못 벌면 세상 살기 힘들다는 속물 같은 경험담만 가르친다. 더불어 무조건 순종하고 복종하라고만 가르친다. '왜 어른 말 듣지 않느냐'면서, '감히 어른에게 말대꾸 한다'면서 아이들 의견을 묵살해 버린다. 나이만 먹으면 어른인 줄 아는 부모들이 얼토당토 않은 가치관으로 무장하고 아이들에게 그릇된 가치관을 주입한다.

오늘날 노인들은 존경받는 대상이 아니다. 훈계와 가르침을 주시는 분들도 아니다. 노인 분들은 빠르게 일어나는 변화를 따라가기도 벅차다. 그래서 단지 모시고 봉양해야 할 분들로만 취급당한다. 무자비한 변화가 노인들을 시대에 뒤떨어진 퇴물로, 돈 들여서 모셔야 할 짐으로 만들어 버렸다. 지혜를 가르치고, 그동안 쌓은 경륜으로 세상이 나아가

야할 방향을 제시하는 어른 노릇을 빼앗아 버렸다.

드라마에 나오는 대다수 노인들은 편협하다. 특히 부유한 집안에 사는 노인일수록 편협한 자기 견해에 얽매여 젊은 사람들을 억누른다. 노인들은 갈등을 해결하는 지혜를 주기보다 고집과 비밀스런 과거로 갈등을 심화시키는 악역만 한다. 편협한 이유로 결혼을 반대하며, 자신의 감정과 의견만 앞세우고, 자식과 손주들이 나아가려는 앞길을 가로막는다. 말로만 어른일 뿐 참 어른이 아니다.

어른 = 책임감 + 올바른 가치관

'세월호 참사'가 터진 뒤 많은 사람들이 '어른의 잘못'을 고백했다. 먼저 산 세대로서 제대로 대한민국을 만들지 못했던 책임을 인정했다. 비겁하게 나만 돌보면서, 문제가 있어도 넘어갔던 과거를 반성했다. 눈물을 흘리며 희생자와 유가족들이 당하는 고통을 나눴다. 어른 된 자세다. 그러나 진짜로 책임 있는 위치에서 일을 처리해야 할 사람들은 책임이 없다고 발뺌만 했다. 세월호 참사가 진실로 자기 잘못임을 고백하지 않았다. 어떻게 해서든 다른 사람에게 책임을 떠넘기려고만 했다.

가정에서 일이 생기면 책임을 인정해야 한다. 모두 내 잘못임을 고백해야 한다. 책임을 회피하려는 핑계를 대서는 안 된다. 그렇다고 죄책감을 떠안으라는 말이 아니다. 잘못은 솔직하게 받아들이고, 책임을

부모의 딜레마, 매

끝까지 인정하며, 아이를 무조건 탓하지 말고 먼저 책임을 지는 자세를 보여주어야 한다.

「내 영혼이 따뜻했던 날들」(포리스터 카터)에서 인디언인 할아버지는 조상 대대로 내려온 지혜와 삶을 손자에게 전수한다. 자기 종족이 살아온 역사를 전하며 긍지를 심어주고, 자연과 더불어 살아가는 법을 가르치며, 사람과 세상을 보는 지혜로운 눈을 키워준다. 할아버지는 손자에게 어른이었다. 할아버지는 존경받았고, 손자는 할아버지가 주시는 가르침을 귀히 여긴다. 할아버지에게 배운 아이는 자신을 존중하고, 당당하게 세상을 살아갈 힘을 갖춘다.

「내 영혼이 따뜻했던 날들」에 나오는 인디언 할아버지처럼 자식을 가르쳐야 한다. 선조들이 쌓아온 전통과 가정이 지켜온 전통을 가르쳐야 한다. 올바른 공동체 정신을 가르치고, 삶을 풍성하게 할 지혜를 가르쳐야 한다. 자존감 높고, 묵직하며, 당당한 아이로 키워야 한다.

우리 사회는 어른이 별로 없다. 사회가 잘못된 길로 나아가면 책임을 느끼고, 준엄하게 잘못을 깨우쳐 주며, 나아가야 할 방향을 제시해주는 어른이 거의 보이지 않는다. 가정도 마찬가지다. 아이가 잘못된 길로 나아가면 어른으로서 책임을 느끼고, 준엄하게 잘못을 깨우쳐 주며, 올바르게 살아갈 방향을 제시해주는 어른 노릇을 하는 부모가 거의 없다. 그렇기에 아이와 싸우고, 엄마와 싸운다. 어른이 되지 못한 부모가 어른인 척하며 아이에게 자기 신념을 강요하고, 행동을 통제하려고만 하니 아이는 반항하고 부모는 화를 낸다. 그러니 '엄마에게 야단맞았다'가 아니라 '엄마와 싸웠다'가 된다. 부모도 당당한 어른으로 서지 못하니 '아이를 꾸짖었다'가 아니라 '아이와 싸웠다'가 된다. 모두 어른이 되지 못한 어른, 겉만 어른인 부모로 인해 빚어진 일이다.

나는 매를 들 자격이 있는가?

　나는 아버지를 존경했다. 아버지가 지닌 권위를 인정했다. 나는 아버지를 아빠라 부르지도 못했다. 그만큼 아버지는 내게 큰 분이었다. 아버지는 권위적이지는 않았으나 권위가 있었다. 사회에서 높은 위치도 아니었다. 우리 아버지는 농사를 짓는 평범한 농부였다. 학교도 제대로 다니지 못했지만 바르게 살려고 끊임없이 자신을 갈고 닦으셨다. 동네를 위한 헌신도 소홀하지 않으셨다. 나는 아버지를 믿었다. 아버지는 선한 분이셨다. 아버지가 주신 가르침도 선했다. 비록 내가 잘 받아들이지는 못했지만 그 가르침이 옳다는 사실은 한 번도 의심하지 않았다.

　아버지는 우리 집 어른이었기에 나는 아버지 매에 순응했다. 매가 두려워서가 아니라 매를 든 아버지의 권위를 인정했고, 그 매에 담긴 정신과 사랑을 받아들였다. 존경받을 만한 권위가 없다면 매는 반항심만 부른다. 아무리 매를 들어도 자식들이 바뀌지 않는 이유는 자식들이 부모를 권위 있는 사람으로 여기지 않기 때문이다. 권위 있는 어른에게 꾸짖음을 듣는다고 여기지 않고 부모가 화를 낸다고 믿는 자식이 어찌 제 행동과 생각을 고치겠는가?

자식을 꾸짖으려면 자식을 꾸짖을 자격을 갖춘 어른이 되어야 한다. 더구나 부작용이 심한 매를 들려면 자식이 부모 권위를 인정하고 따르는 상황이어야 한다. 권위 없는 부모가 드는 매는 아무리 그 뜻이 좋아도 자식에겐 폭력으로 다가올 뿐이다. 권위 있는 부모가 되려면 부모가 끊임없이 자신을 돌아보고, 성장해야 한다. 참 어른이 되려고 애써야 한다. 그런 노력이 없다면 훈육은 본뜻과 달리 폭력으로 흐르기 십상이다.

나는 정직한가?

매는 가볍게 들어서는 안 된다. 매를 들기로 결심했다면 그 순간 자신에게 물어야 한다. 나는 매를 들 만한 자격이 있는 부모인가? 매를 들만한 상황인가? 매 외에는 방법이 없는가? 이 물음에 정직하게 답해야 한다.

매를 드는 사유는 정직해야 한다. 겉 명분과 속마음이 다르면 안 된다. 옛 잘못까지 들추거나, 부모가 평소에 쌓아두었던 감정까지 뒤죽박

죽으로 쏟아 붓는 경우가 있는데 그것은 정직하지 못한 태도다. 뒤죽박죽인 채로 매를 들면 아이도 헷갈리고, 무엇 때문에 매를 맞는지 알아차리지 못하면 매는 그저 폭력이 될 뿐이다.

매를 들려면 어른이어야 한고, 어른이 되려면 어른다워야 한다. 어른다운 내면을 갖췄는지 자문해야 하고, 거기에 정직하게 답해야 한다. 어른다움을 갖췄는지 확신이 들 때 매를 들어야 한다.

나는 절실한가?

매를 드는 부모는 절실하다. 부모가 오죽하면 매를 들겠는가? 그냥 잘못했기 때문에 매를 드는 것이 아니다. 사소한 잘못을 바로잡기 위해 매를 들지 않는다. 매를 들지 않으면 안 되는 절박한 상황일 때만 매를 든다. 매를 들려는 상황이 그만큼 절박하고, 절실한지를 정직하게 물어야 한다.

그런데 대부분 부모들은 매를 들 만한 마음을 준비하지 못한 상태에서 매를 든다. 그저 분노로, 화로, 실수를 했다는 이유로만 매를 든다. 참된 노여움에는 사랑이 있어야 한다. 사랑이 넘칠 때, 진심으로 아이를 위하는 마음일 때 '화'가 나고, 그 '화'가 매로 승화되어 진실한 가르침이 된다.

나는 단호한가?

　야단을 치는 순간에는 아이와 게임을 하면 안 된다. 밀고 당기기를 하면 안 된다. 매를 들 때는 확실히 매를 들고, 가르칠 때는 확실히 가르치며, 대화를 할 때는 명확히 대화를 하고, 타협을 할 때는 확실히 타협을 해야 한다. 그러한 상황들이 뒤죽박죽 섞이면 안 된다. 야단을 치는 듯이 하다가 타협을 하고, 타협을 하는 듯 하다가 야단을 치는 식이면 아이는 혼란스러워지고, 부모에게 야단을 맞는지, 대화를 하는지 헷갈려한다. 그럴 때 아이는 엄마와 다퉜다느니, 엄마가 잔소리를 했다느니 하는 식으로 말한다. 부모로서 아이가 잘못했다는 확신이 들면 무기력하게 방치하면 안 된다. 무기력한 방치는 아주 나쁜 결과로 이어진다. 앞서 거론했듯이 무기력한 방치보다는 차라리 약간 조급하고 미숙한 매가 더 낫다. 야단을 치고 매를 들면 상처를 받을지언정 에너지가 생기지만, 무기력한 방치는 상처는 상처대로 입고, 문제를 해결할 에너지도 사라진다. 단호함은 확신이다. 내 판단에 대한 확신이고, 아이 잘못에 대한 확신이며, 사랑을 전한다는 확신이다. 확신 없는 매는 내적 갈등을 일으키고, 매를 드는 효과도 없앤다.

　진실로 자신을 바르게 한다면 정치를 하는 데 무슨 문제가 있겠는가? 자신을 바르게 하지 못한다면 어떻게 남을 바르게 하겠는가?

ㅡ「논어」

　　　　　　　　　　　　　　　　　부모의 딜레마, 매

매를 들려는 부모는 「논어」에 실린 이 구절을 꼭 마음에 새겨야 한다. 정직하게, 절실하게, 단호하게! 만약 매를 들고자 한다면…….

무엇을 훈계할 것인가?

03

대부분 매를 들어도 부모들은 원하는 결과를 얻지 못한다. 아무리 매를 들어도 아이들은 자기 잘못을 바로잡지 못한다. 왜 그럴까? 아래 연구 결과가 그 답을 제시한다.

미국 텍사스 주에 있는 서던메소디스트 대학교의 연구팀은 어린 자녀를 둔 가정 33곳에 녹음기를 설치하고 6일 동안 체벌 여부와 횟수 등을 지켜 봤다. 그 결과 실험에 참가한 가정에서 45%가 자녀에게 체벌을 가했고, 이들 중 일부는 실험이 시작된 첫 날에도 체벌이 있었다. 체벌 사유로는 아이가 손가락을 빨거나 앉아있어야 하는 상황에 의자에서 일어나는 등 사회성에로 문제가 있는 듯 보이는 행동이 대부분이었다. 반면 난로 가까 이서 놀거나 허락 없이 집 밖에 나서는 등 위험한 상황과 관련한 체벌은

부모의 딜레마, 매

많지 않았다.

체벌을 받은 아이 중 73%는 10분 안에 하지 말라는 행동을 또 했다. 연구를 이끈 조지 홀든 박사는 "체벌을 하는 부모는 자신이 무엇을 하고 있는지 모르는 경우가 많다. 스스로 '체벌'이라고 생각하고 기억하는 것보다 훨씬 횟수가 많다는 사실에 놀랐다."면서 "이번 연구는 부모들이 스스로 체벌에 대해 무감각하다는 걸 증명한다."고 설명했다. 실제로 미국 미시간대학교 연구 결과에 따르면 체벌을 받은 아이들은 시간이 지날수록 행동이 더욱 공격적으로 변하고 나쁜 습관을 보이는 것으로 나타난 바 있다.

– 서울신문. 자녀에게 '사랑의 매' 소용없다. 송혜민. 2014.5.2

연구 결과는 체벌을 하는 효과가 없는 이유를 두 가지로 보여준다. 첫째, 굳이 매를 들지 않아도 되는 상황에서 매를 든다. 둘째, 스스로 체벌을 한다고 인식하지 못하고, 무감각하게 체벌한다.

스스로 체벌을 한다고 인식하지 못하고 드는 매는 훈육이 아니다. 습관일 뿐이며 폭력이라 불러도 무방하다. 매는 가벼워선 안 된다. 매는 무거워야 한다. 매는 아주 높은 수준에서 이루어지는 교육 행위여야 한다. 부모 자신이 어떤 이유로 매를 드는지 분명히 인식한 채, 매를 들 수밖에 없는 상황임을 확신하고 들어야 한다.

일상에서 벌어지는 문제에 매를 들지 마라

여기서 중요한 것이 바로 매를 드는 사유다. 보통 부모들은 굳이 매를 들지 않아도 되는 일상 문제를 이유로 매를 든다. 손가락을 빨거나 앉아 있어야 하는데 의자에서 일어나는 따위 행동에 매를 드는데, 이런 사유에 매를 들어봐야 행동은 결코 수정되지 않는다. 앞서도 소개한 바 있는 「오래된 미래, 라다크에서 배우다」에 나오는 이야기를 다시 읽어보자.

> 한 번은 의원인 예쉬가 오래된 의서에서 분만에 관한 부분을 나에게 번역해 주고 있었다. 그날은 그가 이웃 사람 손자를 봐주는 날이었다. 그 아이는 계속해서 책장을 움켜쥐고 때때로 실제로 책을 찢기도 하며 끊임없이 "이게 뭐야! 이게 뭐야!" 하며 물었다. 아이는 쉬지 않고 계속 해서 똑같은 물음을 해댔다. 우리가 하려는 일에 집중을 하기는 거의 불가능했다. 그런데도 예쉬는 전혀 화를 내지 않았다. 아이가 책을 움켜 잡을 때마다 부드럽게 아이 손을 떼어내며 "그건 책이야… 그건 책이야… 그건 책이야…" 하고 대답했다. 그는 계속 똑같이 조용한 어조로 그 말을 백번은 했고, 나와 달리 우리가 하는 일에 집중하는 데 아무런 어려움이 없었다.
>
> ─「오래된 미래, 라다크에서 배우다」

일을 하는데 아이가 책을 찢기도 하고, 끊임없이 똑같은 걸 물어보

부모의 딜레마, 매

면 보통 부모는 짜증이 난다. 처음엔 가볍게 야단을 치고, 조금 심하면 살짝 때리고, 너무 심하면 화를 내며 때린다. 그러나 예쉬는 수없이 반복되는 상황에서도 절대 때리지 않는다. 그저 똑같은 가르침을 계속 반복할 뿐이다. 살짝 말리고, 책이라고 알려준다. 백 번이 넘도록 반복한다. 그런 상황에서 아이에게 매를 들어 봐야 아무런 소용이 없기 때문이다. 아이에게 호기심은 당연하며, 판단력이 부족한 아이에게 매를 들어 봐야 아무런 효과를 거두지 못하기 때문이다. 판단력이 부족한 아이에겐 그저 끊임없이 행동을 수정하게 알려주고, 일러주고, 가르쳐주기만 하면 된다. 납득하지 못하면 행동은 바뀌지 않는다.

앞서 읽었던 「성학집요」 글을 다시 한 번 읽어 보자.

> 사람이 어려서는 지각과 사고에 아직 주관이 없기 때문에 곧바로 날마다 앞에서 격언과 지당한 의론을 말해주어야 한다. 비록 깨닫지 못하더라도 마땅히 감화하고 타일러서 귀에 가득 차고, 몸에 가득 차도록 하여 오래되면 저절로 편안히 익혀서 본래 지닌 것처럼 된다.
>
> – 「성학집요」(율곡 이이/김태완 옮김)

아이는 지각과 사고에 주관이 없기에 '날마다 격언과 지당한 의론'을 가르치고, 당장 깨닫지 못하더라도 꾸준히 타일러서 '귀에 가득 차고, 몸에 가득 차도록 하라'고 했다. 예쉬가 아이를 대하는 방식이나, 이이가 자녀 교육에서 강조한 방식이나 동일하다.

앞서 소개한 실험에서 보통 부모들은 매를 들어야 할 상황이 아님에도 매를 들었다. 맹자가 비판한 바로 그 상황이 벌어진 것이다. 맹자는 '자식은 부모가 하는 행동과 말을 견주며 받아들이고, 행동과 말이 어긋나면 부모와 자식이 서로 마음이 상하게 되며, 부모와 자식이 서로 질책하는 것보다 더 나쁜 일은 없다'고 하였다. 맹자가 한 지적처럼 사소한 일에 별 생각 없이 드는 매는 효과를 발휘하지 못할 뿐 아니라, 부모와 자식 사이의 관계만 틀어지게 하고, 폭력 성향이 서로 에스컬레이터를 타고 증가하는 나쁜 결과만 낳는다.

그럼 "잘못을 해도 때리지 말고 방치하란 말이냐?"고 항변할지 모르지만, 때리지 않고 아이를 훈육하고 올바른 길로 이끄는 방법은 무수히 많다. 일상에서 벌어지는 작은 잘못과 습관은 예쉬처럼, 이이처럼, 때로는 심리학이 알려주는 방법들을 사용하면 된다. 실패한 방법을 계속 붙잡고 있는 것은 아무런 시도를 하지 않는 것과 똑같다.

내 아이가 아니라 남의 아이를 위해

매는 높은 수준에서 이루어지는 교육 행위이므로, 중대한 가치를 새겨줄 때 들어야 한다. 따라서 높은 수준인 가르침을 알아차리지 못하는 나이에는 매를 들어봐야 소용이 없다. 5~6세 이전 아이들은 윤리 판단 능력이 거의 없다. 그냥 좋고, 싫음만 있다. 그런 아이들에게 매는 아무

부모의 딜레마, 매

런 효과가 없다. 신체 위험을 불러올지도 모를 행동을 자식이 할 경우에는 위급 상황을 피하게 하는 목적으로 찰싹 때릴 수 있다. 그런 수준을 제외하고는 그 나이 또래에는 매를 들어선 절대 안 된다.

매를 들 사유가 발생하는 시기는 윤리 판단 능력이 생기는 7세 이후다. 지력이 어느 정도 생기는 뒤에야 매를 들어도 들어야 한다.

지력은 가르치면서 도덕을 가르치지 않는 교육은 사회를 위험하게 한다.

– 프랭클린 D. 루즈벨트

보통 부모들은 "네가 잘못을 했으니 대가를 치러야 한다."고 말하며 "매를 맞아야 잘못을 저지르지 않는다."고 믿는다. 덧붙여 "네가 미워서가 아니라 네가 잘 되기를 바라는 마음으로 매를 든다."고 한다. 이것이 보통 부모들이 매를 드는 논리다.

그러나 매를 드는 이유는 'D 루즈벨트'가 한 말처럼 내 자식을 위해서가 아니라 사회를 위해서다. "도둑놈을 내보내지 않겠다."는 꾸짖음처럼 내 자식이 아니라 '다른 사람 자식'을 위해서 매를 들어야 한다. 내 자식이 잘 되기를 바라는 마음이 아니라, 내 자식이 다른 사람 자식에게 해를 끼치는 사람으로 자라지 않기를 바라는 마음에서 매를 들어야 한다. 내 자식만 좋게 키우려는 목적으로 하는 훈육은 훈계와 야단과 같은 수단이면 충분하다.

> 마땅히 걸어야 할 그 길을 아이에게 가르쳐라. 그러면 늙어서도 그 길을
> 떠나지 않는다.
>
> – 잠언 22:6

매가 사랑임을 강조한 잠언도 무조건 매를 들라고 하지 않는다. 아이가 '마땅히 걸어야 할 길'을 가르치라고 한다. 마땅히 걸어야 할 길은 정의로운 길이며, 봉사하는 길이며, 생명을 살리는 길이며, 나눔을 실천하는 길이다. 잠언은 군림하고, 짓밟고, 착취하고, 거만하며, 권력과 욕망을 추구하는 삶을 자녀가 살려고 할 때, 단호하게 매를 들라고 가르치는 것이다.

세월호 참사를 되새겨 보자. 원래 배를 모는 사람이라면 과적을 하면 안 된다. 배가 위험하기 때문이다. 선박 안전 규정이 있든 없든 배를 모는 사람이라면 안전을 최우선으로 해야 한다. 배를 소유한 사람은 안전을 최우선으로 해서 배를 운영해야 한다. 사람 목숨보다 귀한 가치는 없기 때문이다. 배를 모는 사람은 배가 위험에 빠지면 사람을 구해야 한다. 그 어떤 목적도 사람 목숨보다 앞설 수 없기 때문이다. 정부 관리라면 시키기 전에 사람 목숨을 구하는데 최선을 다해야 한다. 희생자들에게, 유족들에게 상처를 주지 않기 위해 최선을 다해야 한다. 그것이 인간으로서 지켜야 할 도리다.

안타깝게도 세월호 참사는 이런 상식이 지켜지지 않았다. 상식이 지켜지지 않으니 크나큰 비극이 생겼고, 수없이 많은 이들이 크나큰 고

부모의 딜레마, 매

통을 당하고 말았다. 상식이 잘 지켜지지 않는 일이 어디 세월호뿐이랴? 도로에서는 적정한 속도를 달려야 안전하다. 그러나 법으로 강제하지 않으면, 과속 카메라를 달지 않으면 지키지 않는다. 이윤을 추구하는 회사라 할지라도 근본 목적은 인간이다. 그러나 회사를 운영하는 사람들은 법이 없으면 가혹한 노동을 시키고 임금도 제대로 주지 않는다. 내버려 두면 사익을 추구하고, 남에게 피해를 주는 행위를 당연하게 여긴다.

세월호와 같은 참사를 막기 위해 과적을 금지하고, 안전을 지키는 규칙을 만들고, 승무원에게 승객을 구하라는 의무를 법으로 정하고, 책임감 있게 노동자를 고용하게 만들기 위해 노동조건과 임금을 법으로 규정하고, 정부 관리라면 국민 안전을 최우선으로 하라는 법을 정해 놓는다. 안 하면 처벌하는 규정도 만든다. 사람으로서 당연히 해야 하는 행동을 하지 않기에 처벌로 그 행동을 하게 만드는 것이 바로 법이다.

그런데 이런 법을 만들었음에도 법을 지키지 않았다. 그 결과는 참혹했다. 되새기고 싶지 않을 만큼 끔찍한 비극을 빚었다. 책임 있는 위치에 선 사람이 법을 어기면, 도덕과 윤리를 어기면 참혹한 결과를 빚는다. 내 자식이 세월호 선장 같은 사람, 배를 버리고 도망가는 선원, 돈을 벌기 위해 사익을 추구하는 업주, 국민의 안전을 보호하지 못하는 정부 관료가 되지 않게 만들려고 매를 드는 것이다. 조금만 처벌이 약해지거나 느슨해지면 간사하게 자기 이익만 챙기려 하는 인간이 되지 못하게 하려고 자식에게 매를 드는 것이다.

법은 해악을 끼치는 행위를 막기 위한 조치이며, 매는 내 아이가 남에게 해악을 끼치는 악인이 되는 걸 막기 위한 '최후 수단'이다. 그래서 매는 처벌이 아니다. 매는 과거에 대한 벌이 아니다. 매는 미래에 일어날지 모를 비극을 막기 위한 절박한 가르침이다. 매는 자식에 대한 책임이 아니라, 사회에 대한 책임감 때문에 들어야 한다.

아이들 차원에서 보면 대략 다음과 같은 사유가 발생했을 때 매를 들어야 한다.

첫째, 자신이 강하다고 약자를 괴롭힐 때.

둘째, 충분히 남을 도울 기회도 있고, 도울 힘이 있음에도 약자를 돕지 않을 때.

셋째, 자신이 지닌 힘을 과시하며 남을 깔 볼 때.

넷째, 자신의 이익만 추구하며 의로움과 정의를 고려하지 않을 때.

다섯째, 책임이 큰 자리에서 자기 책임을 다하지 않고, 자기 이익과 안위만 챙길 때.

여섯째, 나눠줘도 될 만큼 풍족하면서 탐욕을 부릴 때.

일곱째, 악의에 찬 거짓말을 할 때.

여덟째, 윗사람에게 패륜아와 같은 행동이나 말을 할 때.

이 여덟 가지 외에도 남에게 해악을 끼칠만한 짓을 할 경우에는 단호히 야단을 쳐야 하고, 심하면 매를 들어야 한다. 물론 이런 측면을 발견하자마자 무조건 매를 들라는 얘기는 아니다. 말로 가르치고, 꾸짖고, 반성하게 함에도 여전히 반복될 경우 최후 수단으로 매를 들어야 한다. 물론 심각한 문제일 경우 첫 발견 시점에서 가혹하게 매를 들어도 된다.

> 부유함과 귀함은 사람들이 바라는 것이지만 정당한 방법으로 얻은 것이 아니라면 그것을 누려서는 안 된다. 가난함과 천함은 사람들이 싫어하는 것이지만 부당하게 그렇게 되었다 하더라도 억지로 벗어나려 해서는 안 된다. 군자가 인(仁)을 버리고 어찌 군자로서 명성을 이루겠는가? 군자는 밥 먹는 순간에도 인(仁)을 어기지 말아야 하고, 아무리 급한 때라도 반드시 인(仁)에 근거해야 하고, 위태로운 순간일지라도 반드시 인(仁)에 근거해야 한다.
>
> — 「논어」

매를 드는 사유는 정의로워야 한다. 공자가 강조했듯이 인(仁)에 근거해야 한다. 매는 자식 교육을 위해 최후에 선택하는 정의(正義)다. 가슴 아프게 실천하는 인(仁)이다.

공부를 이유로 매를 들어도 되는가?

가정에서 가장 빈번하게 매가 등장하는 이유 중 하나가 공부다. 게으름, 거짓말, 약속 위반 따위도 속사정을 살펴보면 공부와 관련된 경우가 많다. 공부 결과가 안 좋거나 공부를 하는 태도가 나쁠 때 부모들이 매를 든다(터놓고 말해서 공부하는 태도보다는 공부 결과가 매에 더 많은 영향을 끼친다. 공부 결과가 좋으면 태도는 그리 문제 되지 않는다).

> 사람이 세상에 태어나 사람 노릇을 하자면 공부를 해야 한다. 공부라고 하
> 는 것은 무슨 남다른, 특별한 어떤 것이 아니다. 일상에서, 관계와 거래에
> 서, 일을 적절히 처리하는 법을 배우는 것일 뿐이다. 공부는 세상을 지배
> 하는 힘을 얻고자 하는 일이 아니다.
>
> — 「인문학명강」(한형조 외/21세기북스)의 '격몽요결' 부분에서 재인용

부모의 딜레마, 매

공부는 한 가지가 아니다. 학교 공부는 인생에서 배우는 공부 가운데 극히 일부다. 살아가는 과정 내내 사람은 배워야 하며, 배움을 통해 사람 노릇을 제대로 하는 법을 익힌다. 일상적인 삶, 돈 거래, 관계 맺기 등이 전부 공부의 대상이다. 배움은 무한정하며 인간은 죽는 그 순간까지 배운다. 배우지 못하면 사람이 아니다. 공부는 인간 본성이다. 그래서「논어」첫 머리는 배우는 기쁨을 노래한 문장이 차지했다.

공부를 넓은 범위로 넓혀놓으면 학교 성적이 낮다고, 학교 공부를 제대로 안 한다고, 수학 문제를 못 푼다고, 영어 단어를 못 외웠다고 매를 들 이유가 없다. 학교 공부를 잘 못하면 다른 공부를 하면 된다. 자기 적성에 맞는 공부를 찾아서 나가기만 한다면 학교 성적이 낮다는 이유로 매를 들어야 할 이유가 될 수도 없고, 되어서도 안 된다.

나는 몇 달, 몇 년을 생각하고 또 생각한다.
99번은 그릇된 결론을 얻는다.
100번째 이르러서야 옳은 결론에 도달한다.

− 아인슈타인

1번 성공은 99번 실수를 배경으로 한다. 성공은 실패를 씨앗으로 한다. 10%도 아니고 겨우 1% 성공했지만 아인슈타인은 위대한 과학자였다. 내 아이는 아인슈타인이 아니다. 그러니 아인슈타인보다 더 많은 실수를 할 것이다. 아이들은 배우는 과정이고 배움은 실수를 동반한다.

아이들은 공부하는 과정에서 수많은 약속 위반을 한다. 거짓말도 한다. 성실하지 못한 행동도 많이 한다. 책임도 회피하고 핑계도 많이 댄다. 약속하면 실천하고, 항상 정직하게 말하며, 책임질 일을 핑계 없이 책임지는 아이는 이미 아이가 아니다. 그런 수준은 부모도 도달하지 못했다. 부모도 불완전하고 아이들도 불완전하다. 어른은 실수하면 무겁게 책임을 져야 하지만, 아이는 실수를 해도 그 책임이 가볍다. 실수는 아이가 누리는 특권이다. 그러니 공부하는 태도 가운데 상당수는 체벌 대상이 될 수 없다. 그저 잘못을 바로잡고, 옳은 길로 이끌어주면 그만이다.

『유엔아동권리협약』은 아동에게 아동으로서 삶을 누릴 권리를 넉넉히 주기 위해 아동이 저지른 잘못을 너그럽게 대해야 한다고 강조한다.

> 제37조. 우리가 큰 잘못을 저지를 수가 있다. 잘못을 하면 벌을 받아야 하지만 그렇다고 우리에게 심한 창피를 주거나 상처를 주는 벌을 내릴 수는 없다. 마지막 방법인 경우를 빼고는 우리를 감옥에 들어가게 해서는 안 된다. 만일 감옥에 들어갔을 경우 우리는 감옥에서 특별한 보호를 받을 권리와 정기적으로 가족을 만날 권리가 있다.
>
> — 쉽게 쓴 유엔아동권리협약(인권오름)

유엔아동권리협약은 아동이 큰 잘못, 즉 범죄를 저질러도 심하게 벌을 주지 말라고 권고한다. 범죄를 저질러도 심하게 벌을 주지 않아야 하

부모의 딜레마, 매

는데, 공부와 관련한 잘못은 더 말할 나위가 없다.

매는 공부 잘하는 아이들에게 들어야

공부와 관련해서 매를 들면 안 되는 걸까? 그렇지 않다. 공부를 하는 태도와 관련해 반드시 매를 들어야 할 때가 있다. 「우리들의 일그러진 영웅」에서 선생님은 일반 학생들은 꾸짖기만 하고 매를 들지 않았다. 반면에 공부 잘하는 아이들에겐 무거운 책임을 묻고 모진 매를 들었다. 자기 성적을 도둑맞으면서도 비굴하게 굴고, 비겁하게 복종한 대가로 달콤한 열매를 누렸던 우등생들을 가혹하게 처벌했다. 왜 그랬을까? 깊이 생각해 봐야 한다.

공부를 못하는 이가 사악하면 작은 폐해를 끼치지만, 공부를 잘 하는 이가 사악하면 세상에 큰 해악을 끼친다. 나라를 말아먹은 매국노들은 거의 예외 없이 공부를 잘 하는 사람들이었다. 작은 나쁜 짓은 머리가 나빠도 하지만, 큰 나쁜 짓은 나쁜 머리로는 못한다. 영화를 보더라도 진짜 악당은 천재들이다.

일반적으로 학교에서든, 학원에서든, 가정에서든 공부와 관련해서 매를 맞는 아이들은 공부 못하는 아이들이다. 그러나 이는 크게 잘못되었다. 공부와 관련해서 매를 든다면 「우리들의 일그러진 영웅」에 나오는 선생님처럼 공부를 잘하는 애들을 대상으로 해야 한다. 공부 잘하는 이가 져야할 책임이 얼마나 무거운지 알려주면서 매를 들어야 한다. 공부 못하는 아이들에게 매를 들면 공부하려는 마음만 없앨 뿐이다. 공부 못하는 아이들이 공부와 더 멀어지게 하고 싶지 않다면 공부 못하는 아이들에게 매를 들어선 안 된다.

공부와 관련해서 매를 들어야 할 경우는 크게 세 가지다.

(1) 공부 잘하는 아이가 공부로 자기 이익만 추구할 때
(2) 공부 잘하는 아이가 공부 못하는 아이를 경멸하거나 군림하려 할 때
(3) 스승을 경멸하거나 능멸할 때

이 세 경우에는 심하게 꾸짖고, 여러 번 꾸짖어도 안 되면 매를 들어야 한다. 필요할 경우 처음 발견하자마자 단호하게 매를 들어야 한다.

(1) 혼자만 잘 살려는 공부에 매를 들어라

공부 잘하는 자식이 공부로 자기 이익만 추구할 때 매를 들어야 한다. 공부로 자기 이익만 달성하려는 자식은 세상에 해악을 끼칠 우려가 높다. 공부 잘하는 아이들이 되는 직업은 의사, 변호사, CEO, 교수, 회계사, 정치인, 관료, 외교관, 장군 등 사회에서 높은 대접을 받는 자리다. 높은 지위를 차지한 사람들에게 경제적 보상이 많이 따르는 것은 그만큼 책임이 막중하기 때문이다. 위험이 클수록 수익도 크다. '고위험-고수익, 저위험-저수익'은 사회가 유지되는 근본 원리요 합의다. 책임

이 큰 자리에 앉은 이가 책임은 회피하고, 자기 권한과 부만 누리려 할 경우 사회는 크나큰 위험에 빠진다. 높은 지위를 차지한 자들이 책임을 회피할 경우 얼마나 끔찍한 비극이 벌어지는지는 수많은 역사가 증명한다.

「신도 버린 사람들」(나렌드라 자다브)에서 다루는 불가촉천민이기에 끔찍한 학대를 겪는다. 인간이 아님을 요구하는 카스트제도 아래서도 다무는 인간다운 삶을 포기하지 않는다. 교육이 카스트제도에서 벗어날 유일한 길임을 자각하고 자식들을 교육시켜 모두 훌륭하게 키워낸다. 아들은 국제금융기구와 정부기관에서 일할 정도로 높은 자리를 차지한다. 나중에 인도를 이끌 지도자로 꼽힐 정도로 유명한 사람이 된다. 어느 날 다무는 아들이 어떤 연구를 하는지 묻고는 이렇게 아들에게 가르친다.

"길거리 사람들에게 도움이 되지 않는 연구는 쓸모가 없다."

가난하고 성실하게 평생을 살아온 불가촉천민 아버지가 국제경제계에 큰 영향을 끼치는 인물로 성장한 아들(이 책 저자인 나렌드라 자다브)에게 내리는 가르침이 '길거리 사람들에게 도움이 되는 연구'를 하라는 것이다. 여느 아버지라면 자식이 성공했으니 부와 권력을 누리며 편안히 살기를 바라는 게 인지상정인데, 아버지 다무는 과거 자신처럼 가난하게 사는 이들을 위한 경제학을 하라고 아들을 가르친다. 가난한 이들을 위하는 공부가 참 공부라고 가르친다. 이런 사람이 참 부모다. 이런 가르침이 진짜다. 아들(나렌다르 자다브)은 아버지가 주신 가르침을 소중히 받든다. 만약 아들이 사리사욕을 추구하는 인물이 되었다면 다무는 어떻게 했을까? 다 큰 아들이고, 유명한 아들이고, 나라를 이끄는 지도자가 될지도 모르는 아들이지만 가차 없이 꾸짖고, 그래도 말을 듣지 않으면 매를 들지 않았을까?

⑵ 뛰어남을 자랑 말고 모자람을 경멸 말라

다 그러지는 않지만 공부 잘하는 아이들 가운데 공부 잘한다고 잘난 척 하고, 공부 못하는 애들을 깔보는 아이들이 꽤 있다. 자기가 조금 안다 싶으면 엄청 자랑하고 으스댄다. 성적이 높으면 마치 인격도 높은 듯 행세한다.

이런 풍조는 어른들이 조장한 측면이 있다. 둘이 똑같이 수업 중에 졸아도 공부를 잘 하는 아이는 어젯밤에 열심히 공부해서 존다고 위로를 받고, 공부 못하는 아이는 어젯밤에 뭐했냐면서 야단맞는다. 같은 잘못을 해도 공부 잘 하는 아이는 관대함으로 대하고, 공부 못하는 아이는 엄격함으로 대한다.

배움은 겸손을 먹고 자라는 나무다. 내가 아무리 많이 알아도 무한한 진리와 지식에 견주면 내가 쌓은 지식은 티끌에도 미치지 못한다. 소크라테스는 '너 자신을 알라'고 누누이 강조했는데, 자기 부족함을 알고 끝없이 겸손해야 함을 강조한 말이다. 겸손하면 남을 경멸하지 않

부모의 딜레마, 매

고, 자기만 잘났다고 자랑하지 않는다. 공자와 같은 위대한 스승도 마지막 순간까지 배움을 향한 열정을 놓치지 않고 겸손한 태도를 취했다. 하물며 기껏 학교 성적 조금 높은 걸로 잘난 척하고, 남들을 깔보는 태도를 보인다니 얼마나 우스운가?

잘난 척 하는 태도, 경멸하는 태도는 사회에 나가면 반드시 힘없는 자를 향하게 된다. 자신이 조금 잘났다고 권력을 함부로 휘두르고, 돈으로 사람을 마구잡이로 대하는 못된 인간이 된다. 인간을 목적으로 대하지 않고 수단으로 대한다. 그리하여 사회에 큰 해악을 끼치는 자가 된다. 그런 낌새가 보이면 싹부터 잘라야 한다. 배움에서 겸손해야 함을 늘 강조하고, 잘난 척하거나 경멸하면 따끔히 경계해야 한다.

⑶ 선생님을 존중하지 않는 학생은 학생이 아니다

교권이 땅에 떨어지다 보니 아이들이 선생님을 무시하는 경우가 많다. 눈앞에서는 존중하는 척 하지만 뒤에서는 엄청나게 욕을 해대기도 한다. 담임 선생님 호칭이 '담탱이'가 된 지 이미 오래다. 심지어는 선생님 면전에서 선생님에게 함부로 말하고, 버릇없이 구는 애들이 부지기수다. 한편으론 아이들 태도가 이해 못할 바는 아니다. 존경하고 싶어도 그럴 수가 없는 선생님들로부터 받은 악영향이나 지나친 학습 노동이 선생님을 존경하는 마음을 빼앗았기 때문이다.

그럼에도 배우는 학생은 배우는 자로서 예의를 갖춰야 한다. 내가 배우는 과목 선생님 인격이 별로라고 해도, 배우겠다고 책상 앞에 앉은 학생이라면 배우는 사람으로서 지켜야 할 도리는 지켜야 한다. 아무리 부모답지 않은 부모일지라도 부모 대접을 해줘야 인간이듯이, 아무리 선생님답지 않은 선생님이라도 그 아래서 배우고 있다면 선생님께 깍듯해야 한다. 조폭 식으로 무릎 꿇으라는 말이 아니다. 배우는 사람으로서 겸손한 자세를 갖추라는 말이다.

만약 배우고 싶지 않다면 배움을 거부하면 된다. 배움은 강제가 아니다. 부모는 자식 교육을 시켜야 할 의무가 있지만, 학생은 배울 권리가 있지 배울 의무가 있는 것은 아니다. 아무도 배움을 강제할 수는 없다. 배움은 철저히 자기 의지다. 그러니 정말 저 선생님은 아니라고 생각하면 배우지 말아야 한다. 어쩔 수 없이, 시험 때문에 뭐라도 배운다면 최소한 예의는 지켜야 한다.

선생님도 불완전한 인격체다. 배우는 학생도 불완전한 인격체다. 가르침과 배움은 불완전한 인격체끼리 맺는 관계다. 다만 한 편이 선생님인 이유는 가르치는 분야에 한해서는 선생님이 학생보다 낫기 때문이다. 모든 게 나아서 선생님인 게 아니라 조금이라도 나은 부분을 가르칠게 있기 때문에 선생님이다. 노래를 잘하면 노래 선생님, 음식을 잘 만들면 요리 선생님, 농사를 잘 지으면 농사 선생님, 자동차 수리를 잘하면 자동차 수리 선생님, 청소를 잘 하면 청소 선생님이다. 배움에 깔린 본바탕은 겸손이며, 가르치는 분에 대한 존경심이다.

선생님을 존중하라고 해서 선생님이 시키는 대로, 선생님에게 절대 복종하라는 뜻이 아니다. 배우는 자로서 겸손하고 예의를 갖추란 뜻일 뿐이다. 사람이 사람에게 배우려면 공손해야 한다. 내 자식이 선생님 앞에서 공손하지 못한다면 철저히 훈계해야 한다.

형식이 내용을 규정한다

아무리 고민해도 매를 들 수밖에 없다. 매를 들지 않으면 안 되는 일이다. 다르게 야단칠 방법은 없다. 매 말고는 다른 수단이 없다. 매를 통해 무의식에, 영혼 영역에 올바름에 대한 가르침을 새겨 넣어야겠다. 확신이 든다. 그렇다면 부모로서 매를 들어도 된다. 단, 형식에 어긋나면 안 된다. 매에는 격식이 필요하다.

격식이 정당성에 영향을 끼친다

윤리 면에서 옳을 때에만 매는 정당하다. 매가 폭력으로 흐르면 그 어떤 명분으로도 결코 정당화될 수 없다. 매를 든 목적은 윤리를 파괴하는 데 있지 않다. 매는 바른 윤리를 세우려고 든다. 매를 드는 목적이 자식을 바른 인간으로 키우기 위함이라면, 매도 윤리에 맞아야 한다.

폭력은 바른 윤리가 아니다. 폭력은 윤리를 파괴한다. 폭력은 무자비하며, 인간성을 파괴한다. 매가 바른 윤리가 되려면 무자비한 형식으로 흐르면 안 된다. 왜냐하면 윤리는 정신 뿐 아니라 형식도 중요하기 때문이다. 인간은 바른 관계를 맺기 위해 관습을 만들었고, 관습은 형식이란 외피를 쓴다. 형식이 겉치레일 뿐이라 하더라도 매우 중요하다. 성철 스님과 같은 분은 수행자들을 도우려고 마구잡이로 죽비를 휘두르기도 했다. 그러나 그건 죽비였고, 일반인들이 생각하는 구타와는 달랐으며, 그렇게 휘둘러도 몸을 상하지 않을 정도였으며, 때리는 사람이나 맞는 사람이나 본마음이 분노나 화로 넘어가지 않았다. 수행하고, 수행을 이끄는 사이였기에 형식은 중요하지 않았다. 그러나 평범한 사람들은 형식이 흐트러지면 마음가짐도 흐트러진다. 형식에 따라 본마음도 뒤흔들리는 것이 평범한 사람들이 처한 현실이다.

예를 들어보자. TV에서 중년 부부가 운전 연습을 하는 장면을 보았다. 남편이 아내에게 운전을 가르치는데 다들 예상했듯이 남편은 구박하고, 아내는 화를 냈다. 아내는 다시는 남편에게 운전을 배우지 않겠다고 하고, 남편은 화를 버럭 냈다. TV카메라가 지켜보는데도 그렇게 했다. 그러다 존댓말을 사용해 보라는 권유를 받았다. 아내와 남편이 서로 존댓말을 쓰니 마찰이 현저히 줄어들었다. 조금 전과 똑같은 상황이었는데도 존댓말을 쓰니 전혀 다른 분위기가 연출됐다. 분위기가 좋으니 아내는 운전을 침착하게 잘 했고, 남편은 전에 없는 칭찬을 했다. 화기애애한 분위기가 형성됐다. 반말로 할 때는 싸움으로 끝났지만, 존댓말을 하자 부부 사이가 더 친밀해졌다. 존댓말이라는 형식이 마음 상태도 바꾸고, 관계를 더 좋게 바꾸었다.

지극한 경지에 이른 사람들이야 겉으로 어떤 형식을 취하던 본마음이 변하지 않는다. 그러나 평범한 사람들은 형식에 따라 마음이 왔다 갔다 한다. 장자와 같이 생사를 초월한 이는 아내 장례식장에서 즐거운 노래를 부르고, 웃음을 터트려도 아무렇지 않겠지만, 평범한 우리는 전혀 다르다. 평범한 사람은 장례식장에 가면 돌아가신 분을 떠올리며 몸가짐을 경건하게 해야 본마음도 그에 따라 경건하게 된다. 물론 경건한 마음이 경건한 태도를 갖추게 만든다. 경건한 마음과 예의바름은 서로 영향을 끼친다.

맑은 물이라도 낡은 플라스틱 컵에 마실 때와 예쁜 찻잔에 마실 때도 기분이 다르다. 물론 원효대사 정도 경지에 이른 분은 그릇에 얽매이지 않겠지만 평범한 인간은 같은 물이라도 그릇에 따라 전혀 다른 물로 느낀다. 평범한 인간들이 지니는 어쩔 수 없는 한계다.

매를 드는 부모가 지켜야 할 격식

따라서 평범한 부모는 매를 들 때 격식을 지켜야 한다. 절제된 형식

부모의 딜레마, 매

으로 매를 들어야 한다. 절제된 형식을 벗어나면 분노가 치솟는다. 평범한 인간인지라 어쩔 수 없다. 그러기에 더더욱 절제된 형식을 갖추어야 한다. 절제된 형식은 분노와 반항심을 누그러뜨리고, 매를 높은 가르침 수준으로 끌어올린다.

매를 들 때 지켜야 할 격식은 다음과 같다.

첫째, 매는 귀하게 보관했다가 써야 한다. 매는 자녀가 올바른 길로 가게 돕는 스승이다. 스승은 귀하게 모셔야 한다.

둘째, 정식으로 자리를 잡고 매를 든다. 아이가 바른 자세로 매를 받아들이게 하고, 매를 드는 부모도 바른 자세로 꾸짖으면서 매를 든다.

셋째, 매를 내리는 신체 부위는 되도록 종아리로 한정한다. 매로 인해 신체가 다치면 안 된다. 아이에게 아픈 가르침을 주면서도 신체를 다치게 하지 않는 가장 좋은 부위는 종아리다. 옛 어른들이 종아리에 매를 내렸던 의미를 기억해야 한다. 치마를 입어야 하는 여학생들에게는 엉덩이도 좋다. 그러나 엉덩이는 종아리보다 신체에 미치는 타격이 크므로 때리는 강도를 낮춰야 한다.

넷째, 완력을 쓰지 말고 오직 권위로 복종하게 한다. 매를 들다 보면 자녀가 반항하거나 피하는 경우가 종종 생긴다. 그때 완력을 쓰지 않는다. 오직 권위로 따르게 한다. 준엄한 꾸짖음으로 아이에게 가르침을 내려 매를 받아들이게 한다.

다섯째, 배우자를 존중한다. 매를 드는 과정에서 부부끼리 의견이 달라 마찰을 빚는 경우가 종종 생긴다. 매를 드는 순간엔 마찰을 피한다. 부부가 한 마음으로 아이를 대하는 것이 좋으며, 만약 한 마음이 아니라면, 불만이 있더라도 그 순간에는 참고 서로를 존중한다. 내가 매를 맞을 때 아버지는 때리고, 어머니는 나를 보호하셨다. 두 분은 서로를 존중하셨다. 매를 드는 상황에서 배우자를 말로 공격하는 행위는 매가 지닌 권위를 스스로 무너뜨리고, 아이에게 혼란을 준다. 매를 때리는 상황에서는 배우자에 대한 믿음과 존중하는 정신을 반드시 지켜야한다.

존재 자체를 비난하지 않는다

매를 들다 보면 험한 말이 종종 나온다. 준엄하게 꾸짖는데 고운 말이 나올 까닭이 없다. 때로는 욕도 한다. 가르침을 주기보다 비난을 퍼붓기도 한다. 인격을 깎아내려 형편없는 놈으로 만들어 버리기도 한다. 매를 드는 이유는 인격을 향상시키기 위함인데 매를 들면서 인격을 깎아내리면 목적과 수단이 서로 반대 방향이 된다. 목적은 높은데 목적을 이루는 수단이 낮은 곳을 향하면 안 된다.

야단맞는 자식 수준이 어떤지 깨닫게 하려고 인격을 비하하는 말을 쏟아내는지는 모르겠지만, 존재가 낮아진 아이는 굳이 자기 존재를 높여야 할 동기가 생기지 않는다. 그저 방어하기에 급급해진다. 매에 굴복

부모의 딜레마, 매

하더라도 진심으로 굴복하지는 않는다. 부모에게 괜한 반말심만 생긴다.

매까지 들면서 가르침을 주는 이유는 잘못된 행동을 분명히 인식하게 만들기 위해서다. 인격이 낮음을 깨우쳐주기 위해서가 아니라 잘못된 행동을 고쳐 더 나은 인격을 지닌 인간으로 성장하게 만들려는 의도다. 더 나은 인간이 되기를 바라면서 못난 인간으로 낙인찍어서는 안 된다.

물론 화가 나니 욕이 나올 수도 있다. 옛 어른들은 욕먹을 만한 짓을 한 사람에게는 가차 없이 욕을 퍼부었다. 자식이라도 욕먹을 짓을 했다면 욕을 먹어야 한다. 남들에게 욕을 먹는 것보다는 부모에게 먼저 욕을 먹는 게 차라리 더 낫다. 부모에게 욕먹고 다른 사람에게 욕을 듣지 않게 된다면, 그것이 부모가 바라는 바다. 문제는 정도요, 수준이다. 욕먹을 만한 짓에 욕을 퍼붓는 것과 아이 존재에 욕을 하는 것은 전혀 다르다. 부모가 잘못된 행동에 얼마나 분노하는지는 분명히 보여줄 필요가 있다. 그러나 분노한 정도를 표현하기 위해 꼭 인격을 비하할 필요는 없다.

매를 때리는 목적은 징벌이 아니다. 인격을 비하하는 욕과 비난은 매를 훈육이 아니라 징벌로 만들어 버린다. 징벌은 인간을 바꾸지 못한다. 징벌에 길들여진 인간은 겉으로만 그런 척 하는 위선자가 된다.

행동은 야단치고 존재는 사랑하라

「오래된 미래, 라다크에서 배우다」에서 어머니 돌마는 아이를 위험하지 않게 하려고 찰싹 때리고는 곧바로 안아준다. 네 행동은 절대, 절대 안 돼! 그리고 나는 너를 사랑해~! 야단을 치되 바로 사랑을 표시한다. 위험한 행동은 하지 마! 그 행동에 나는 찬성하지 않아! 그리고 나는 네 존재가 아니라 네 행동에만 찬성하지 않는 거야. 때리고 껴안는 마음이다.

돌마가 보여준 껴안음은 때린 게 미안해서 사랑을 표시하는 몸짓이 아니다. 때려놓고 괜히 미안하니까 잘해주는 보상이 아니다. 때린 것은 네 행동을 꾸짖음이고, 사랑은 존재로서 너를 아낌이다. 아이는 그냥 있기만 해도 귀하다. 때리고 나서 괜히 미안하니, 이것저것 바라는 대로 해주는 것은 부모 스스로 매를 잘못된 행동으로 바라보기 때문이다.

요즘 애들은 귀하게 자라는 게 아니라 편하고, 풍족하게 자란다. 귀함은 인격 존중이지 편하고 풍족함이 아니다. 인격 존중을 편함과 풍족함으로 대체하면 안 된다. 너는 사랑받을 만한 존재다. 나는 어떤 일이 있어도 네 어머니로 너를 사랑한다. 나는 어떤 일이 있어도 네 아버지로 든든히 너를 지켜준다. 믿음과 사랑을 끝까지 보여주기야말로 인격 존중이며, 자식을 귀하게 여기는 태도다.

그런 부모라야 진심으로 매를 든다. 그런 부모라야 매를 들 자격이 있다. 그런 부모가 내리는 매가 아이에게 진심으로 다가간다. 진심이 느껴지면 바뀐다. 매가 주는 아픔은 아이를 바꾸지 못한다. 매에 담긴 진심만 아이를 올바른 인간으로 바꾼다.

지금, 매를 들어야겠다는
생각이 든다면...

매를 주제로 책을 쓰다가 어린 시절 '전설의 고향'에서 보던 장면이 떠올랐습니다. 머리가 희끗희끗한 노인이 젊어 보이는 여자에게 매를 맞습니다. 지나가던 사람이 보고 기겁을 합니다. 다행이도 젊어 보이는 여자는 노인의 어머니였습니다. 구기자 샘물로 인해 건강하게 장수를 하는 바람에 나이 든 어머니가 워낙 젊어보였던 탓에 나그네가 오해를 했던 것입니다. 100살이 된 아들이 저지른 잘못도 매를 들어 훈계를 하는 어머니, 이게 우리 전통 사고방식입니다. 부모는 자식이 몇 살이든 가르치고, 훈계하고, 잘못된 길로 가면 따끔하게 매를 들어야 한다는 전통 가치관이 담긴 장면이었습니다.

그런데 100살 된 아들은 쪽팔리지 않았을까요? 100살이나 되었는데 어머니에게 매를 맞다니 남부끄러웠겠지요. 남부끄러웠겠지만 TV

속 100살 노인은 아무런 불평이 없었습니다. 중학생만 되도 부모에 대드는 아이들이 넘쳐나는 이 시대에는 꿈도 못 꿀 일이지요. 100세 노인도 매를 맞으며 겸허히 가르침을 받아들이는데 아직 인생 반 백 년도 살지 못한 저야 남들이 꾸짖는 말을 더없이 겸허히 받아들여야겠지요.

매는 꾸짖음입니다. 준엄한 비판입니다. 비판받기 싫어하는 마음이야 남녀노소 동일하겠지만, 비판을 받아들이지 않으면 성장은 없습니다. 아이에게 매를 들기 전에 부모도 남들이 하는 비판을 받아들이는 성숙함을 보여주어야 합니다. 어른인 엄마와 아빠도 잘못을 했을 때는 비판을 받고, 그 비판을 겸허히 수용하는 태도를 자식들에게 보여주어야 합니다. 잘못을 인정할 줄 알아야 합니다. 잘못을 인정했으면 사과할 줄 알아야 합니다. 사과했으면 행동을 수정해야 합니다. 어른이 '비판 → 인정 → 사과 → 수정'을 행동으로 보여주면 아이들도 따라 배웁니다.

매는 징벌이 아니라 비판 정신입니다. 비판 정신이 없는 사회는 퇴보하며, 비판 정신이 없는 개인에겐 나태와 안일만 남습니다.

어린이 세상을 지켜보는 느긋함

잘못을 한 사람에게 가하는 비판이 때로는 부작용을 낳기도 합니다. 믿고 기다려주는 자세도 필요합니다. 더 이상 믿지 못할 상황에 몰려도 믿어주는 사람이 부모입니다. 청소년은 어른이 되어 가는 과정입니다.

어른과 청소년 모두 변할 때까지 느긋하게 기다리며 지켜보는 자세가 필요합니다. 어린이야 두말할 필요가 없습니다. 어린이에게는 비판보다 어린이다움을 지켜봐주는 느긋함이 훨씬 더 필요합니다.

> 너희가 돌이켜서 어린이들과 같이 되지 않으면 절대로 하늘나라에 들어가지 못할 것이다. 그러므로 누구든지 이 어린이와 같이 자기를 낮추는 사람이 하늘나라에서는 가장 큰 사람이다. 또 누구든지 내 이름으로 이런 어린이 하나를 영접하면 나를 영접하는 것이다.
>
> ─ 「성경」(마태복음 18:3-5)

예수님은 어린이가 되어야 하늘나라로 간다고 했습니다. 어린이 세상이 천국에 가깝다는 사실은 보통 어른들도 압니다. 틈만 나면 웃고, 내일에 대한 걱정도 없고, 잘못을 해도 금방 잊으며, 울다가도 금세 웃음을 되찾고, 모든 것이 새롭게 다가오는 어린이 세상이야말로 천국입니다. 혹시 우리가 어린이를 어린이 세상에서 너무 빨리 빼내어 어른 세상으로 편입시키려는 조급함에 발을 동동거리고 있지는 않나요?

어린이는 어린이 세상을 넉넉히 누려야 합니다. 인생 100세 시대에 어른으로 살아갈 날은 길고도 깁니다. 아이답게, 말썽도 부리고, 무책임하게 잘못도 저지르고, 잘못은 너그러이 용서받고, 잘못을 용서 받자마자 환하게 웃으며 놀고, 또 잘못을 저지르고, 또 금방 잊고! 이게 어린이입니다. 이렇게 사는 것이 어린이 세계입니다. 어린이는 금방 잊습

부모의 딜레마, 매

니다. 금방 잊으니 야단맞고 얼마 지나지 않아서 또 잘못을 저지릅니다. 심하게 야단맞았는데 왜 잊느냐고 야단을 쳐봐야 어린이에겐 소용이 없습니다. 망각이야말로 어린이가 천국에 사는 근본 바탕이니까요. 어린이가 상처와 야단과 갈등을 오래 기억한다면 늘 그렇게 신나고, 새롭게 지내지 못합니다. 자꾸 잊어버리기에 어린이에게 이 세상은 새롭고 즐겁고 순박합니다.

예수님은 그런 어린이처럼 되어야 천국에 간다고 하였습니다. 어린이들이 천국에 살도록 느긋하게 지켜봐주는 여유가 어른들에게 필요합니다. 위험한 상황이 아니라면, 아주 못된 짓을 나쁜 뜻으로 저지른 것이 아니라면 느긋하게 지켜보는 여유가 필요합니다. 물론 올바름은 가르쳐야겠지요. 그러나 올바르게 행동하지 않았다 해서 어린이에게 성급하게 매를 들 이유는 없어 보입니다.

매를 들어야겠다는 생각이 든다면...

어느 날, 내 자식이 하는 짓을 보니 매를 들어야겠다는 생각이 비집고 들어온다면, 이 책에서 말한 모든 원칙과 원리와 방법을 다 떠올렸는데도 매를 들어야겠다는 생각이 불끈하고 치밀어 오른다면 무조건 매부터 잡지 마시고, 다음 문장을 읽고, 질문에 답을 한 뒤에 매를 들지 말지 결정하시기 바랍니다.

물은 가득차야 넘치고,

사람은 진심을 느껴야 바뀐다.

첫째 물음입니다. 물이 가득 차 넘칠 만큼 충분히 가르쳤습니까? 라다크 예쉬가 잘못을 저지르는 아이에게 백번이나 똑같은 가르침을 준 것처럼, 똑같은 잘못을 묵묵히 지켜보며 지겹도록 반복해서 가르침을 주었습니까? 율곡 이이처럼 아이에게 넘치도록 바른 길을 알려주었습니까?

둘째 물음입니다. 내 가슴은 정의로운 진심으로 가득합니까? 사사로운 감정 분출이 아님을 확신하십니까? 내 뜻대로 아이를 통제하려는 목적이 아니라고 확신하십니까? 매를 들려는 목적이 세상을 정의롭게 하기 위함입니까? 내 가슴은 진심으로 아이를 향한 염려와 사랑으로 가득합니까?

모든 답변이 "예"라면~~~

이제 매를 드십시오.

조금도 망설임 없이!

격식을 갖춰서!

단호하게!